Tricot d'une parisienne
パリジェンヌの編みもの

Porcs-épics Tricoteur
ポルケピック・トリコター

ガスニエ 実希子

Sommaire

- 4 秋色トリコロールのポンチョ風カーディガン
- 6 日常使いのスタンダードセーター、フィッシャーマンスタイル
- 8 日常使いのスタンダードセーター、スウェットスタイル
- 10 アンゴラウサギの極軽ふわふわベレー
- 11 ポップル&タッセルのついた三角ストール
- 12 「深い夏の森」を夢見るタートルのモヘアセーター
- 14 おもちゃのカーディガン
- 16 縁がヘリンボーンの「上着の上着」カーディガン
- 18 パウダーピンクのハチの巣モヘアカーディガン
- 20 2色編みの長い長いマフラー
- 22 昔風に素朴に編んだベニワレン風ポケットつきのジレ
- 24 「食器」模様のロピ風セーター
- 26 植物模様の指穴つきミトン
- 27 Vネックのざっくりモヘアセーター
- 28 "控えめな"ニット帽、2色使いのイギリスゴム編みで
- 29 「ドゥドゥ」マフラー
- 30 "エレガントではない"ニット帽、耳とポンポンつき
- 31 ヘリンボーンのウールクラッチ
- 32 2色糸ウールのハチの巣カーディガン
- 33 フランス人の愛するガーター編みのひもつきミトン
- 34 白いアンゴラウサギのリストウォーマー
- 35 スパンコールつきお花のヘッドバンド

パリで会社勤めをしていたころ、よくセーターやマフラーなどを編んでいました。

決まったお給料の中で、肌触りのよい、仕事の邪魔にならず着やすいアイテムをとなると「これは作るしかないな」、ということで、デパートに出向き、有名ブランドのニットの目をこっそり数え、裏返し、切替えやはぎを観察して、その足で毛糸屋さんに向かっていました。

でき上がったものは、結局そのお手本からはかなり遠いのですが、不思議なことに、また違った風味が出て魅力的で、単調な毎日のコーディネートに、いいアクセントになることに気づきました。また、自然素材を選んでいるせいか、汗を吸うことで温度調節もしてくれ、いつもとても暖かく、一日気分がいいのでした。

同僚も時々声をかけてくれます。たとえ、目がそろってなかろうと、少々形がいびつであろうと、フランス人の価値観では大した問題ではないようで、毛糸の素材や色、何よりも「手仕事」のかわいさを褒めてくれました。パリの女の子は、手編みのものでも必ずコケティッシュに合わせるので、そんな着こなしができるようなアイテムを考えるようになりました。また、自由なユーモアや知的好奇心、そして、フランスの毛糸やブロカントなどで掘り出すすてきな素材、昔の手編み作品やニット本などにも触発され、それからだんだん、既製品をまねるのをやめて、手作業ならではの、オリジナルなものを作るようになりました。

今私が編むものは、そのとき培った価値観とノウハウをもとにした、今欲しいものたちです。

現代の女性は、フランスでも日本でも、恋に仕事に家庭に、毎日忙しいと思います。決められた時間と予算の中で、「使える」「楽しい」「美しい」ものを生み出して、どれだけ毎日に彩りを添えられるか、そんなお手伝いができれば幸いです。

手編みは、素材を手にするところから始まります。「選ぶ」喜び、「作業」の喜びも、忙しい日々の合間の、あなたにとってのかけがえのない「とき」になりますように。

この本の中では、そんな願いを込めて、私が驚いたことや思いついたこと、フランスのテクニックやすばらしい素材など、感じたままおしゃべりしています。

好きなものを自由に作る喜びをご一緒に！

Porcs-épics Tricoteur
ポルケピック・トリコター

ガスニエ 実希子

36　Index
38　編み方のポイントレッスン
42　作品の編み方
90　棒針編みの基礎

秋色トリコロールの
ポンチョ風カーディガン
Gilet poncho tricolore d'automne

フランス人でなくとも、トリコロールに胸躍る人は多いはず。とても柔らかなストレートヤーン「クイーンアニー」は、ニュアンスのある色出しで、フランス人好みの色がそろっています。その中から、ボルドー、ベージュ、ネイビーの、秋色トリコロールを選んで、ラージサイズのポンチョ風カーディガンを作ってみました。ほぼ長方形の身頃を組み合わせて作るので、一度ダブルツイード編みに慣れてしまえば、ソファで動画でも鑑賞しながら、気楽に編み進められます。袖のリブは、短くてもかわいいと思います。自分の好みのサイズにアレンジして楽しんでください。

使用糸：クイーンアニー（パピー）
編み方：Page 42

日常使いのスタンダードセーター、フィッシャーマンスタイル
Pull standard pour le quotidien, style "Pêcheur"

フランスでは、丸首ラグランに変形1目ゴムの編み地を組み合わせたシンプルなセーターを普段着として着ている人をちょくちょく見かけます。よくフィッシャーマンスタイルと呼ばれているので、私もそのイメージで、だけどユニセックスではないセーターを作ってみました。袖口からひじにかけて、少し模様に見える増し目や、衿もとを1周しないすっきりしているリブにこだわりました。大好きなフランスの毛糸メーカー、Anny Blattのこの糸は、軽くてしびれる柔らかさのヤク＆ウール素材、軍もの風のオリーブグリーンだけど、表面にほんのり茶色の毛でコーティングされた深みのある色がすてきで、少しコケティッシュなセーターになったと思います。

使用糸：Nunki (Anny Blatt)
編み方：Page 44

日常使いのスタンダードセーター、スウェットスタイル
Pull standard pour le quotidien, style "Sweat"

フィッシャーマンスタイルのセーターと同じく、普段使いを考えて作ったセーターです。衿やリブ、ラグランの切替えなど、基本をキープしたまま、ユニークでかわいい糸「ポンポンウール」を使って、日常着であるスウェットをイメージして編んでみました。ポンポン部分以外の素材はウール100パーセントで気持ちよく、糸の軽いウェーブのおかげで編み地にいい感じのムラができます。単純なメリヤスが続きますが、毛糸に絡まるポンポンが出てくるのが楽しく、目も大きいので、飽きずにすいすい編めます。また、毛糸で何でもできるよ！といわんばかりに、ひじ当ても衿ぐりの三角と同じく、フランス人の大好きな「かの子編み」で編み、縫いつけています。ちなみにかの子編みは、フランス語では"point de riz（ポワン・ド・リ）＝米編み"といいます。

使用糸：ポンポンウール、
メリノスタイル並太（DARUMA）
編み方：Page **47**

アンゴラウサギの極軽ふわふわベレー
Bonnet-béret en angora, léger et doux

世の中すべてがアナログだった子どものころ、世の女性はふわふわなアンゴラウサギのアイテムをよく身につけていた気がします。最近日本ではあまり見かけませんが、フランスでは、アンゴラウサギの農家や毛糸は時々見かけますし、決まってひとなでしたくなります。極めて女性らしいこの素材を使ったボネを編んでみました。フランスメーカーのFontyでは、こんな深くて発色のよい今風の色のアンゴラ糸を作っています。横に広がりがちなベレーのシルエットではなく、顔回りはタイトに、後頭部にはゆとりを持たせつつ、かわいい要素であるベレーの「つまみ」はアクセントに後づけします。沈みがちな冬のコーディネートの差し色としてぴったりです。25gととっても軽くて場所をとらないので、屋内ではさっとバッグにしまえます。

使用糸：Cœur d'Angora (Fonty)
編み方：Page 50

ボッブル&タッセルのついた三角ストール
Châle avec nopes et glands

パリの夏は短く、そしてある日突然、寒い日がやってきます。そんなとき役立つのが、大きめの薄手のウールショールです。マフラーのように首にぐるぐる巻いてもいいし、肩が寒ければ広げて掛ける、外の冷えたベンチに敷いて腰掛ける、など、気候の変わりやすい季節に持って出かけると、とても重宝します。使用したシルク混ウールの糸は、暖かいながらもさらりとしているので、秋口から春先まで使える優れものアイテムです。フランスの手編みショールで、タッセルがついているのを時折見かけ、不思議に思っていたのですが、実際に作ってみると、これが「おもり」になって、めくれ上がることがないことがわかり、納得！さっそく取り入れたのでした。また、ショールは引っ掛けやすいので、しっかり本体につくよう、2段に分けて作るボッブルにしました。

使用糸：ポーポリ（パピー）
編み方：Page 51

「深い夏の森」を夢見る
タートルのモヘアセーター
Pull "Forêt d'Été Profonde"

フランスの夏の森を歩くと、高い木々の足もとに野生のブルーベリーが茂っているのをよく見かけます。もしくは日本の自然に群れる蛍のような浮揚する光？ 寒い冬、そんな幻想的な深い森を夢見てデザインした、ポップルたっぷりの植物模様をセーターの全面に施しました。冬ならではのボリュームのあるタートルネックセーターです。長めのタートルは、意外にも小顔効果があり、使用した太めのモヘアは100パーセント自然素材で、汗も吸収するから、絶えず暖かいうえにとても軽く、気軽に使いやすいアイテムです。

使用糸：ウールモヘヤ（DARUMA）
編み方：Page **54**

おもちゃのカーディガン
Gilet "De Poupée"

昔、私のひいおばあちゃんは、ほどいた毛糸でボネやこたつ掛けなど、何でも自由に編んでくれました。ブロカントでおもちゃのお人形の手編みのお洋服を見るたび、いつもその思い出がよみがえります。フランスでも、きっとおばあちゃんが子どものために、とびきりの一品を編んでいるんでしょうね。おもちゃの服では、ポケットが偽物だったときのがっかり感ははんぱないので、自分で作るからには、きちんとあめ玉やメトロのチケットぐらいは入るポケットに。使用した「コンビネーションウール」は、昔のウールのような少しざらみのある素材で、ヴィンテージ感も出たと思います。リブをつけない切りっぱなしのような首回りで少し野性味が出るので、セクシーに大人っぽく遊び心のあるアイテムとして着こなしてください。

使用糸：コンビネーションウール（DARUMA）
編み方：Page 59

縁がヘリンボーンの「上着の上着」カーディガン
Gilet-veste avec bordures au point de chevron

寒い冬、上着や厚手のセーターの上からはおれる「上着の上着」がほしくて、袖ぐりをたっぷりとった、ざっくりとしたカーディガンを編みました。袖ぐりが大きくしっかりしているので、コートを着ているときと同じで、高く腕を上げたりはできないけれど、その重厚感が冬に心地よいです。
袖口やウエスト部分などの縁に、ゲージ感の大きく変わるしっかりした編み地のヘリンボーンを使って引き締め、ジャケット感を出しています。この素朴で単純な質感の太い甘撚り糸「ガウディ」が、おもしろい編み地の組合せでできている、この上着カーディガンにぴったりです。この糸はほかにも、ツイードやウールのジャケットに存在しそうな色に合う色がそろっているので、ご自分のワードローブと相談して、お好きな色で編んでください。はおるのが目的なので、ボタンはなくてもよいですが、私は、ブロカントで見つけた牛の角から作られた、ころんとしたボタンを選びました。かなりボリュームのあるボタンでも、編み地の隙間からボタンを通せるので、ボタンホールいらずです。

使用糸：ガウディ（アヴリル）
編み方：Page 62

パウダーピンクのハチの巣モヘアカーディガン
Gilet "De Fille" en mohair rose poudré en maille de nid d'abeille

パウダーピンクのフランス製モヘアと、ブロカントで買い集めた、ひとつひとつデザインの違うガラスボタン。年齢や、似合う似合わないはこの際無視して、永遠の女の子あこがれアイテムを作ってみました。おなかのところにフロントポケットがついていたりして、デザインは甘くないので、意外とどなたにでも似合いますよ。地の色に近いボタンをつけた場合は、胸にブローチをつけるなどのアレンジもかわいいし、また、とても軽くゆったりしているので、お休みの日のくつろぎ着として、おうちで少女気分を満喫してください。

使用糸：Ombelle (Fonty)
編み方：Page 66

2色編みの長い長いマフラー
Longue, longue écharpe bicolore

とにかく長い長いマフラーをぐるぐる巻きにするスタイルが好きで、マフラーはついつい長めに作ってしまいます。モススリップという編み目は、裏もいい感じのストライプになるので、裏の編み地も時々見える、ぐるぐる巻きマフラーに最適です。このウールアルパカの糸は、空気を含んで軽いので、長くてしっかりしたマフラーでも重くなりません。

使用糸：空気をまぜて糸にした
ウールアルパカ（DARUMA）
編み方：Page 70

昔風に素朴に編んだベニワレン風 ポケットつきのジレ

Gilet sans manches style ancien avec poche motif "Béni Ouarain"

ナチュラルで素朴な極太糸「ソノモノ」の風合いを生かした、昔風のシンプルなジレを編みました。モロッコのベニワレン風のポケット、ざっくり大きめのブランケット・ステッチを施して、手仕事のかわいさを思う存分ちりばめました。柔らかで上質な100パーセントウール、腰まであるので冷え知らず、白黒のシンプルなデザインは、白シャツはもちろん、丸首Tシャツやロングスカート、パンツ、ワンピース、何にでも合わせやすく、シンプルなコーディネートのアクセントになります。

使用糸：ソノモノ《超極太》、
エクシードウールL《並太》（ハマナカ）

編み方：Page 74

「食器」模様のロピ風セーター
Pull "Vaisselle" style Lopi

昔からヨーロッパのどの地方にもある、白地に青の模様の日常食器やタイルが大好きです。アイスランドのロピセーターの要領で、気ままに思いつくままに大好きな草木や幾何学の模様をあしらって編んでみました。磁器のような美しい透明感のある色が表現したくて素材を探していたとき、このきれいな、素直な青と自然の白の、すばらしいモヘアを見つけたことはとてもうれしかったです。フランス南西部のドルドーニュ地方で、モヘアの原料であるアンゴラ山羊（やぎ）を飼育し、糸を製造している農家さんの「雲の糸」というブランドのモヘアです。名前のとおり、雲のごとくふわっふわで柔らかく、編みながら糸をさわっているだけで、ものすごく癒されます。作業中は毛がとても抜けますが、陶芸をするイメージで、エプロンやつなぎなどの作業着に着替え、素材と戯れて楽しんでください。

使用糸：Pur Mohair
(Au Fil des Nuages)

編み方：Page **76**

植物模様の指穴つきミトン
Mitaines avec motifs végétaux et petite fenêtre pour index

どんなに寒くても、太陽の出ている気持ちのよい日曜日は、ついついテラスに席を陣取りたくなります。ひとりで誰かを待っているときは、携帯をいじりたくなりませんか？ そういうときに思いついた指穴。寒いので、絶対ほかの指先も手首も出したくない、ただただスマホがさわりたいだけ。そんな怠け者（！）の都会人にとても愛されたミトンを、今回、素直でクセのない、柔らかな日本の毛糸「メリノスタイル」を使って、みなさんに編んでいただけるようにデザインし直しました。細めに見えますが、手首までしっかり隠れる長さにし、全面を1目ゴムで編んでいるので、横によく伸び、手にフィットします。

使用糸：メリノスタイル 極太（DARUMA）
編み方：Page **71**

26

Vネックのざっくりモヘアセーター
Pull "Doudoune", col en V

パリの中心にラ・ドログリーという手芸屋さんがあります。いかにもフランス！な、たくさんの色の、オリジナルのフランス製モヘアやウールが、パレットのごとく並んでいます。デザインがシンプルなので、どの色で作ってもお気に入りのワードローブのひとつになってくれるでしょう。日本にもいくつかお店があるので、ぜひ「自分色」を見つけるところから楽しんでください。ちなみに、私が選んだ色は、日本人の黒髪にも映えそうなベールジャッド（翡翠色）です。大きめのシルエットですが、Vネックと絞った長めの袖のリブで、すっきりとかわいく、少し色っぽく着こなせます。

使用糸：キッドモヘア（ラ・ドログリー）
編み方：Page 80

"控えめな"ニット帽、2色使いのイギリスゴム編みで
Bonnet "Discret", bicolore en côtes anglaises

厚手のベーシックなコートに、実用的であったかそうなボネを合わせるスタイルが好きです。スキー帽のようなボネを街仕様に。「ソノモノ」シリーズの上質なアルパカウールを使って、柔らかくてつけ心地のよいボネになりました。この薄いグレーと黄色すぎない白は、染料を使っていない自然の色なのに洗練されていて、晴れた冬の日の朝の、前日に降り積もった雪の上のレリーフを思い出させます。編み地は凝っているけれども、寒い冬の空気に映える、目立ちすぎないボネだと思います。

使用糸：ソノモノアルパカウール（ハマナカ）
編み方：Page 82

「ドゥドゥ」マフラー
Écharpe "Doudou"

小さいときから手放せない、どこに行くにも持ち歩くぬいぐるみや掛け布団、タオルなどのことをフランスでは「ドゥドゥ」と呼び、大人になっても思い出として手もとに置いている人もいるぐらい、ひとりひとりの特別な存在のようです。そんな「ドゥドゥ」のようなマフラーを作りたくて、とても気持ちのよい自然素材のループヤーンを使い、どうすれば顔を埋めたくなるようなふかふかな編み地になるか、試行錯誤しました。やさしくきれいで大人っぽいパステルカラーもこの糸の特長です。ご自分の好みで、好きなところで色を切り替え、好きに配分しても楽しいと思います。

使用糸：アンジェロ（パピー）
編み方：Page 83

"エレガントではない" ニット帽、耳とポンポンつき
Bonnet "Inélégant",
avec cache-oreilles et pompon

冬極寒のフランスでは、子どものころから、みんなかわいらしいボネをかぶっています。雪山にスキーに行くとき身につけるような、楽しい気分になれる防寒バッチリのボネだけど、自然素材の、黒などの大人色で作ると、上質のウールのコートとの相性も抜群で、大人っぽい着こなしにもよく合い、街のお出かけにぴったりです。耳部分は、寒いときはしっかりと下ろして防寒し、少し暑くなってきたら、手で簡単にくるんと浮かせてもかわいいです。少し複雑かもしれませんが、とにかく糸が太いので早く編め、また編み直しも簡単です。

使用糸：ドゥー！（ハマナカ）
編み方：Page **84**

ヘリンボーンのウールクラッチ
Clutch à chevron

持つのも暖かいウールのクラッチは冬だけのお楽しみです。編み地のヘリンボーンは、かなり太い針で編むのにもかかわらず、密度が濃くしっかりとしていて、クラッチなどのバッグに最適です。2色の糸で交互に編むと、いっそう楽しい作品になります。ご自分で好きな色合せを楽しまれるのもいいと思います。両端のとじと持ち手部分も色を替えて、3色使いにするのもいいですね。

使用糸：ガウディ（アヴリル）
編み方：Page **85**

2色糸ウールのハチの巣 カーディガン
Gilet "De Fille" en laine bicolore

糸の芯と、巻きつけているウール繊維の色が違う、「GEEK」という名前の糸で、ハチの巣カーディガンを編んでみました。奥行きのある編み地とこの糸の特性がマッチして、不思議な立体感を演出するジョルジュ・ブラックの油絵のようなおもしろい表情が生まれました。糸の芯の青の反対色である黄色の、少し波打ったヴィンテージの貝ボタンでパリっぽく。

使用糸：ギーク（DARUMA）
編み方：Page 66

**フランス人の愛する
ガーター編みのひもつきミトン**
Mitaines au point mousse reliées
par un cordon de fil doré

ガーター編みは、フランスに来てかわいさを再発見した編み目です。簡単なガーター編みで何かを作る、なんてあまり考えたことがなかったのですが、こちらに来て、赤ちゃんや子どもの服や靴下、大人用でも単純なフォルムのカーディガンやひざ掛けなど、太めの糸でざくざく編んだガーター編みをデザインに生かしたニットを見るにつれ、私もだんだん魅了されてきました。「原毛に近いメリノウール」のこの赤茶色がかわいくて、ころころした編み目になるように3本どりして編んでみました。金のレース糸を編み込み、取り外し可能な首ひもをつけて、大人の女性にも、遊びごころのあるアイテムとして、取り入れていただけるかと思います。

使用糸：原毛に近いメリノウール、
ラメのレース糸（DARUMA）

編み方：Page **86**

白いアンゴラウサギのリストウォーマー
Guêtres-poignet en angora blanc

雪ウサギのような、これぞアンゴラ！という、王道中の王道の白い糸で編んだ手首ウォーマーです。Anny Blattでは、同じ白でも、真っ白、アイボリー、自然の白と3種類もそろえていて、さすが色に敏感なフランスだなあと感心します。私は、ウサギの自然な白を選びました。冬、大きな暖かいコートを着ても、動くたびにどうしても手首あたりにほんの少し隙間ができて寒い。そんなときほんの少し必要な部分だけに控えめに寄り添ってくれる、やさしいペットのような存在になりました。

使用糸：Angora Super(Anny Blatt)
編み方：Page 88

スパンコールつきお花のヘッドバンド
Bandeaux de tête à fleurs de paillettes

幅広のヘッドバンドは、寒さや風から耳や頭を守る優れもの。モヘアで作れば、隙間ができにくいので、とてもあったかく、また、髪に型がつきにくいので、つけ外しするにも戸惑いません。パリの、ある工房の棚卸しセールで手に入れた、様々な色と材質のスパンコールを使って、真ん中にお花をあしらってみました。少しコシのある Anny Blatt の100パーセント自然素材のウール＆キッドモヘアの糸は、汗がこもらず、顔回りに最適です。

使用糸：Fine Kid（Anny Blatt）
編み方：Page **89**

Index

ウェア
Pulls et gilets

Page 4 / 42

Page 6 / 44

Page 8 / 47

Page 12 / 54

Page 14 / 59

Page 16 / 62

Page 18 / 66

Page 32 / 66

Page 22 / 74

Page 24 / 76

Page 27 / 80

マフラーとショール
Châles et écharpes

Page 11 / 51

Page 20 / 70

Page 29 / 83

帽子とアクセサリー
Bonnets et accesoires

Page 10 / 50

Page 28 / 82

Page 30 / 84

Page 35 / 89

ミトンとリストウォーマー
Mitaines et guêtres-poignet

バッグ
Sacs

Page 26 / 71

Page 33 / 86

Page 34 / 88

Page 31 / 85

Leçon
編み方のポイントレッスン

Page 22/74
昔風に素朴に編んだベニワレン風ポケットつきのジレ
ループ編みは、編み地の裏側にループができる技法が多いけれど、これは表側にできます。手間がかかるので、ポケットのワンポイントに。

ループ編み ◯ の編み方

1
右針を手前側から入れ、矢印のように針と針の間に糸を下ろす。

2
下ろしたところ。

3
右手の親指に糸を引っかけ、針と針の間に糸を戻す。

4
戻したところ。親指にかかった糸がループになる。

5
ループを左親指に移し、表目を編む。

6
表目が編めたところ。

7
親指を外し、矢印のように針を入れ、編んだ目にかぶせる。

8
かぶせたところ。ループ編み1目が編めた。

9
色を替えるときは、ループを黒で作る。

10
黒のループ編みが編めた。

交互配色の伏止め

1
最終段。1目めはすべり目、2目めはループ編みを編む。

2
1目めを2目めにかぶせる（伏止め）。

3
伏せ目を黒にするときは、ループを表目で編むときに黒に替える。

4
針にかかる目が黒になるので、次の伏せ目の頭は黒になる。

5
1目おきに3、4の操作をすることで交互配色の伏せ目ができる。

Page 16/62
縁がヘリンボーンの「上着の上着」カーディガン

身頃のかぶせ目を使ったステッチ「ツイードモックリブ」の編終りは、「エストニアンブレード」を編みながら伏止めをします。編み地が美しく出るストレートヤーンがおすすめ。

ツイードモックリブ ◯ Ⅳ の編み方

1
1目めを編まずに右針に移す（すべり目）。

2
2目めを表目で編む。

3
3目めは針に糸をかけ（かけ目）、矢印のように1目めに左針を入れる。

4
1目めを2目め、3目めにかぶせる（かぶせ目）。

5
出来上り。

エストニアンブレード ＞ の伏止め

1
1目めと2目めの間に右針を入れる。

2
表目の要領で糸を引き出し、左針に移す。

3
2で移した目を引き締める。端の目の外側に1目できる。

4
☆の目をとばし、2目めに右針を入れる。

5
表目の要領で編む。

6
5の目を右針にかけたまま、端の目(☆)に針を入れ、表目の要領で編む。

7
表目で編んだところ。

8
左針から2目抜く。☆がブレードになる。

9
右針の1目を左針に戻す。

10
4と同様に2目めに針を入れる。

11
5～8と同様に編み、9と同様に右針の1目を左針に戻す。

12
1目めを2目めにかぶせる（伏止め）。

13
1目伏止めしたところ。

14
同様に、2目めに針を入れてブレードを編みながら、伏止めをする。

15
鎖目状のブレードの上に伏止めができる。

Page 31/85
ヘリンボーンのウールクラッチ

2目一度の1目めを針に残すことで、織物のような厚みのあるしっかりしたテクスチャーが生まれる「ヘリンボーン・ステッチ」。編込みにすると、ジグザグが浮き出ます。

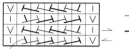

― =緑
━ =黒

模様の終りはヘリンボーン・ステッチを半分編んだ目が残るので、同様に1目に針を入れて表目（裏側は裏目）を編む

ヘリンボーン・ステッチ の編み方

1
端の目をすべり目し、編み地の向う側から2目一度に針を入れ、黒で表目の要領で編む。

2
2目めは左針に残す。

3
同様に、**2** で残した目と次の目に2目一度に針を入れ、緑で表目の要領で編む。これを繰り返す。

の編み方

4
端の目をすべり目し、2目一度に針を入れ、黒で裏目を編んで、2目めは左針に残す。

5
同様に、**4** で残した目と次の目に2目一度に針を入れ、緑で裏目を編んで2目めは左針に残す。

Page 33/86
フランス人の愛するガーター編みのひもつきミトン

親指穴の下側は別糸を通して休み目、上側は作り目をし、あとから拾って親指を編みます。左手は休み目から拾いますが、右手は巻き目の作り目から拾い始めます。

親指の目の拾い方

1目　4目　4目　1目

親指穴の編み方（巻き目の作り目）

1
親指穴の下側は休ませ、上側は矢印のように針をかけ、巻き目の作り目をする。

2
4目作る。

3
続きを編む。

親指の目の拾い方（左手）

1
休めていた目を針にとり、表目で編む。

2
4目編んだら、矢印のように左針を入れ、ねじりながら編む（ねじり目）。

3
ねじり目が編めたところ。

4
天地を返し、巻き目の作り目に矢印のように針を入れて表目で編む。

5
表目1目編んだところ。

6
同様に4目編む。

7
2 と同様にねじり目を編み、合計10目編む。

Page 4/42
秋色トリコロールのポンチョ風カーディガン

巻き目の作り目で作るボタン穴よりも、輪郭のきりっとしたスマートなボタン穴ができて、丈夫です。細めのストレートヤーンのときなどに、おすすめです。

ボタン穴の編み方

1 ボタン穴1目めは、編まずに糸を手前にして右針に移す。

2 2目めは、糸を向う側にして、編まずに移す(すべり目)。

3 1目めを2目めにかぶせる。

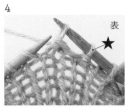

4 1目かぶせたところ。

5 以降、すべり目をしてかぶせる。4の目を入れて合計5目伏せる。

6 裏返し、端の目を右針に移す。

7 糸を向う側におき、左針の目と目の間に針を入れ、表目の要領で糸を引き出す。

8 引き出した目に矢印のように左針を入れて移す。

9 作り目が1目できたところ。

10 7、8と同様に1目めと2目めの間に針を入れて作り目を繰り返す。

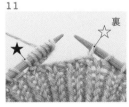

11 6目作り目したところ。

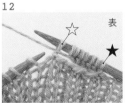

12 表に返す。左針の1目を右針に移す。

13 移した目に隣の目をかぶせる。

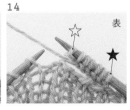

14 ボタン穴ができた。

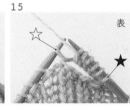

15 右針の1目を左針に移し、続きを編む。

伸縮性のある伏止め

ゴム編みの編終りに使う、伏止め。とじ針を使ったゴム編み止めに比べると伸びませんが、普通の伏止めよりも伸縮性があります。裏での操作の場合は、すべて裏編みにします。

1 表目2目編む。

2 2目一度に左針を入れ、表目で編む。

3 これを1目伏止めとする。

4 次の目を表目で編み、2目一度に表目を編む。

5 同様に、表目を編んで表目2目一度を編むことを繰り返す。

Page 4　秋色トリコロールのポンチョ風カーディガン

糸：　クイーンアニー（パピー）
　　　ベージュ（812）315g、ボルドー（817）265g、
　　　紺（828）185g
用具：　8号2本、4本棒針、輪針（80cm）
　　　※前立て衿は輪針で往復に編む
その他：直径2.5cmのボタン4個
ゲージ：模様編み　16.5目36段が10cm四方
サイズ：身幅84cm、着丈75.5cm、ゆき丈61.5cm

編み方：糸は1本どりで、指定の色で編みます。
前後身頃は、ベージュで1目ゴム編みの作り目をし、1目ゴム編みで増減なく26段編みます。続けて、ボルドーとベージュで模様編み（ダブルツイード・ステッチ）を編み、後ろ身頃の編終りは伏止め、前身頃は左前身頃を2段多く編み、編終りは休み目にします。左右前身頃をボルドーでメリヤスはぎにし、後ろ身頃と、目と段のはぎで合わせ、脇をすくいとじにします。前立て衿は、前端を衿回りから紺で拾い目し、1目ゴム編みでボタン穴（p.41参照）をあけながら編み、編終りは減らしながら伏止めにします。袖は、袖口から輪に目を拾って1目ゴム編みで編み、編終りは減らしながら伏止めにします。ボタンをつけます。

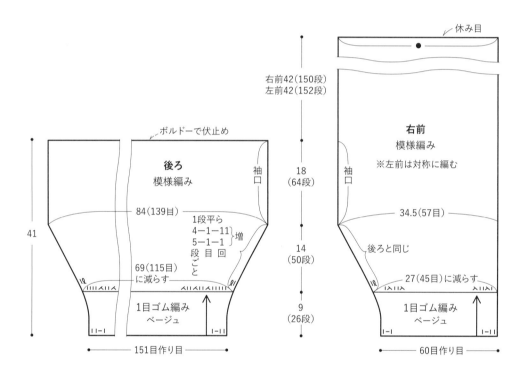

模様編み（ダブルツイード・ステッチ）の編み方

1

1段め（表側）。すべての目を表目で編む（2目一度で指定目数に減らす）。

2

2段め（裏側）、端は裏目1目を編み、□の2段めでかけ目とすべり目をする。

3
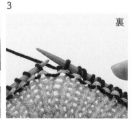
表目1目とかけ目・すべり目を繰り返す。端の目は裏目を編む。

4

3段め。色を替え、すべての目を表目で編む。前段がすべり目・かけ目のところは2目一緒に表目で編む。

5

以後、2段ごとに色を替えながら、偶数段は2段めと同じ要領で、奇数段はすべての目を表目で編む。

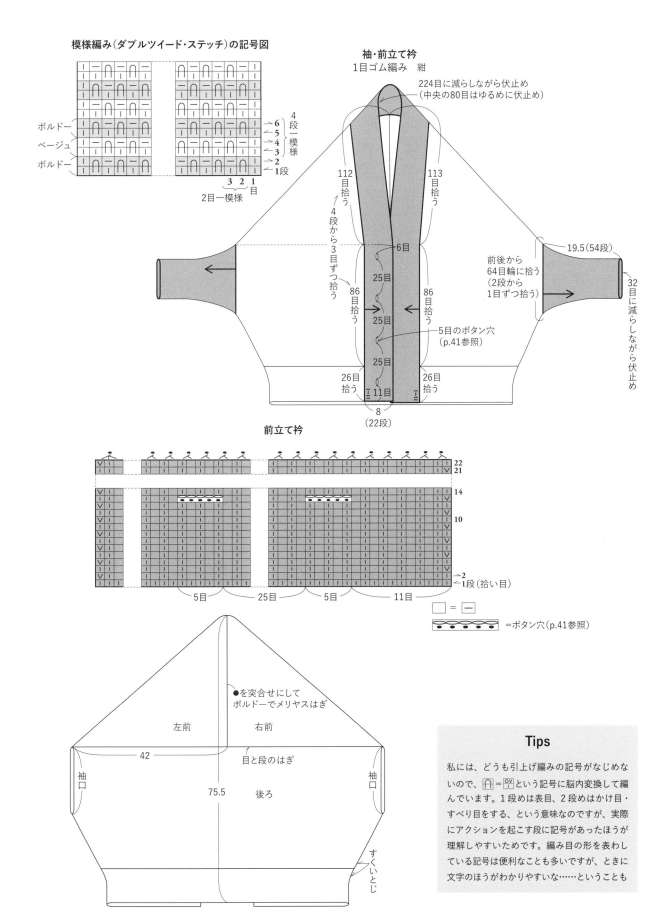

Page 6 日常使いのスタンダードセーター、フィッシャーマンスタイル

糸： Nunki（Anny Blatt） オリーブ（304） 520g
用具： 13号2本、4本棒針　7mm 2本棒針
ゲージ： 変りゴム編みB　14目24段が10cm四方
サイズ： 身幅46cm、着丈57.5cm、ゆき丈71.5cm
編み方： 糸は1本どりで編みます。

前後身頃と袖は、13号針で1目ゴム編みの作り目をし、変りゴム編みA（モックリブ）で増減なく編みます。7mm針に替え、変りゴム編みB（ハーフフィッシャーマンリブ）で編み、編終りは1目に減らして伏止めにします。ラグラン線、脇、袖下をすくいとじにし、伏止めの4目ずつはメリヤスはぎにします。衿ぐりは、13号針で指定の位置から目を拾い、前中央の9目は変りゴム編みB、それ以外は変りゴム編みAを輪編みで6段編み、続けて変りゴム編みAの部分のみ、往復編みで10段編み、編終りは伏止めにします。変りゴム編みAは折り山から内側に折ってまつります。

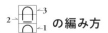 の編み方

1　2段め（裏側）。1段下の日に右針を入れる。

2　表日を編む。引上げ編み（裏目）が編めた。3段めは裏目を編む。

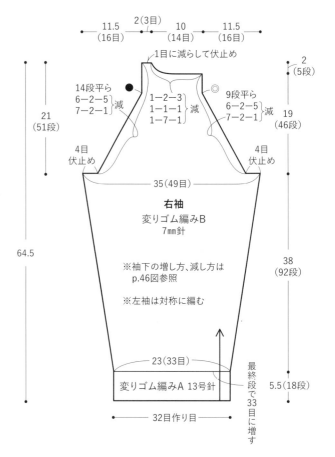

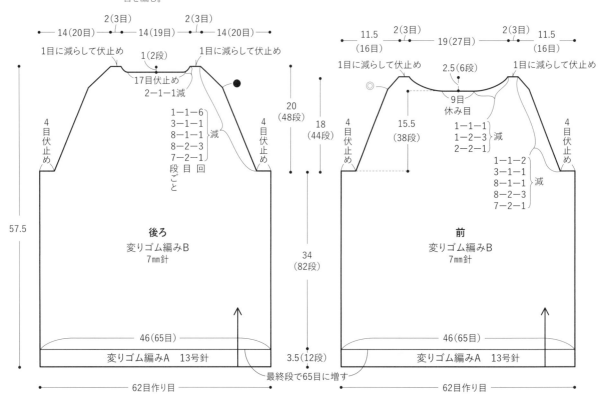

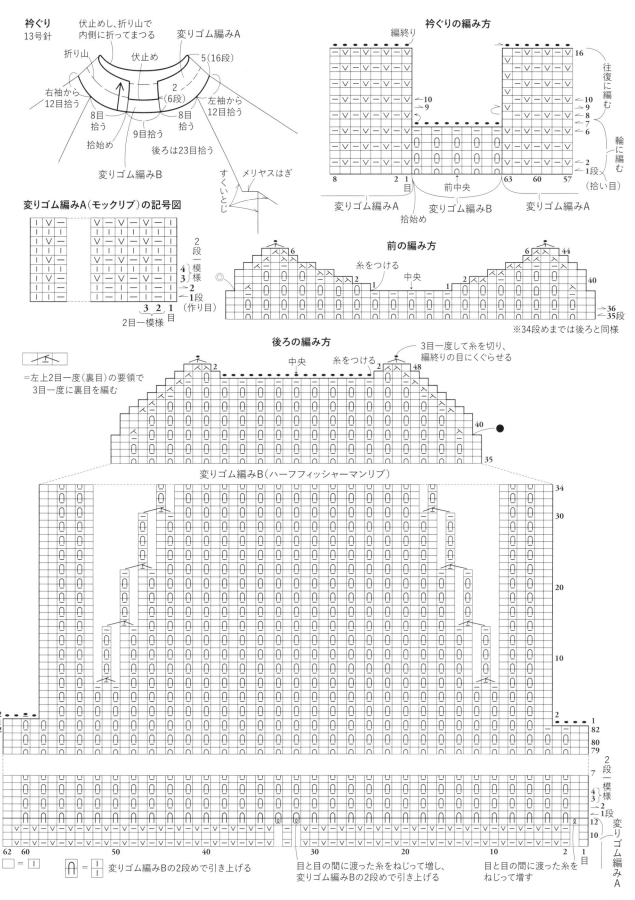

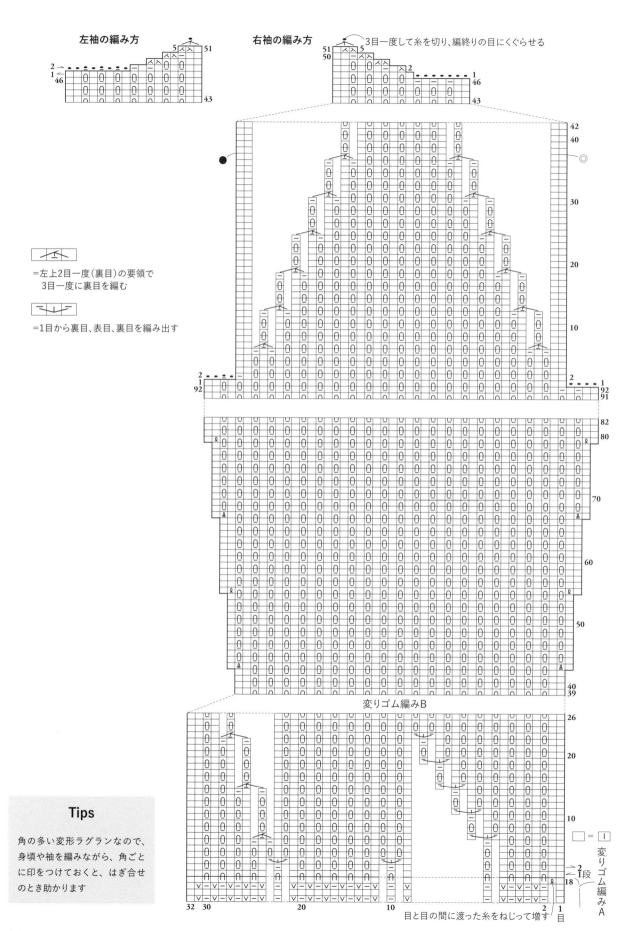

Page 8 日常使いのスタンダードセーター、スウェットスタイル

糸： ポンポンウール（DARUMA） グレー（6） 430g
メリノスタイル並太（DARUMA） 白（1）、
黒（12） 各20g
用具： 10号2本、4本棒針、13号2本棒針
ゲージ： メリヤス編み　14目22段が10cm四方
サイズ： 身幅46cm、着丈56cm、ゆき丈68cm
編み方： 糸は、ポンポンウールは1本どり、メリノスタイル並太は2本どりで編みます。

前後身頃と袖は、10号針で1目ゴム編みの作り目をし、変りゴム編み（モックリブ）で増減なく編みます。13号針に替え、後ろ身頃はメリヤス編みで編んで伏止めにします。前身頃はメリヤス編みとかのこ編みで編み、グレーは伏止め、白は休み目にします。袖はメリヤス編みと1目ゴム編みで編み、編終りは1目に減らして伏止めにします。ひじ当ては指に糸をかける方法で作り目し、かのこ編みで編み、袖に縫いつけます。ラグラン線、脇、袖下をすくいとじにし、伏止めの4目ずつはメリヤスはぎにします。衿ぐりは、10号針で指定の位置に黒の糸をつけて64目拾い、かのこ編みの休み目9目を右針に移します。裏に返し、かのこ編みと変りゴム編みで往復に編み、編終りは図のように伏止めをし、すくいとじにして輪にします。

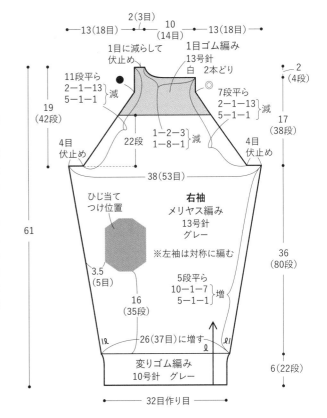

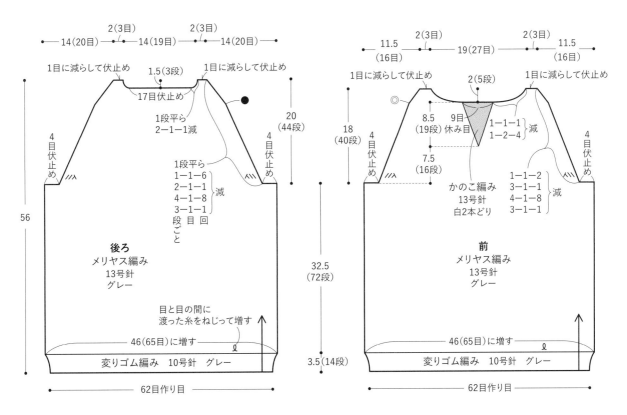

47

変りゴム編み（モックリブ）の記号図

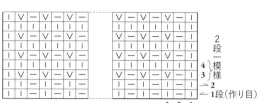

Tips

色を替えるときは、裏側に糸を渡さず、グレーの糸と配色の糸とをからめます
→ 95 ページ「裏に糸を渡さない編込み」

後ろの編み方

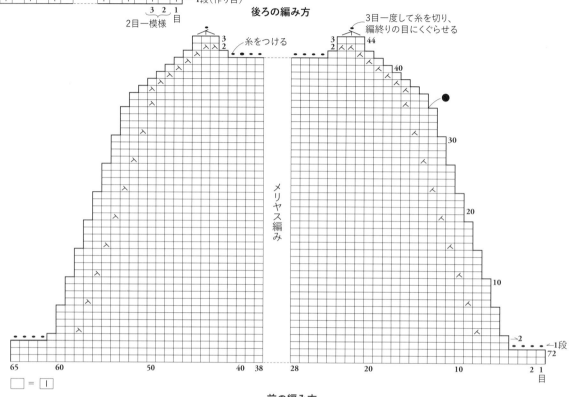

前の編み方

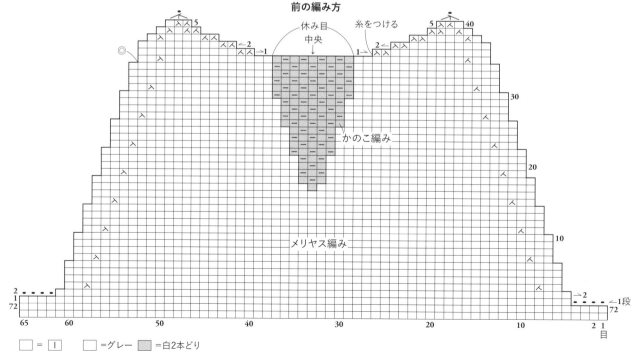

左袖の編み方

右袖の編み方

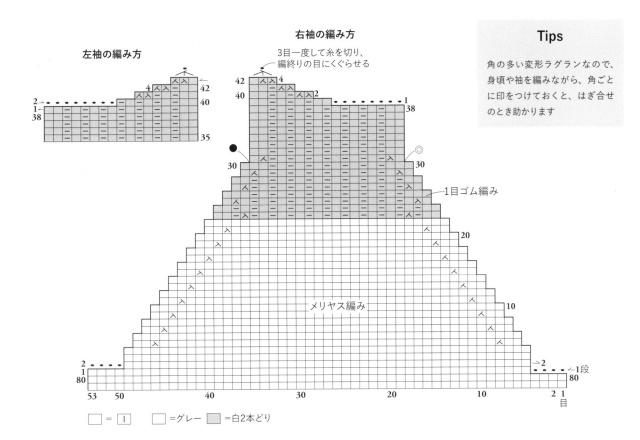

Tips
角の多い変形ラグランなので、身頃や袖を編みながら、角ごとに印をつけておくと、はぎ合せのとき助かります

□ = | 　□ =グレー　■ =白2本どり

ひじ当て　2枚
かのこ編み
13号針　黒2本どり

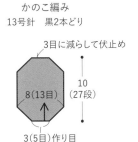

衿ぐり　10号針

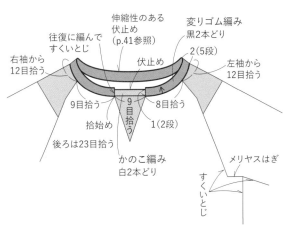

ひじ当ての編み方

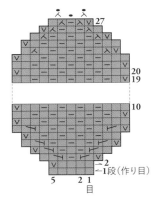

□ = | 　■ =黒2本どり

衿ぐりの編み方

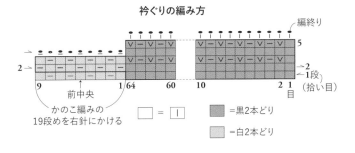

□ = | 　■ =黒2本どり　■ =白2本どり

Page 10　アンゴラウサギの極軽ふわふわベレー

糸：　　Cœur d'Angora（Fonty）　ボルドー（401）25g
用具：　8号4本棒針
ゲージ：メリヤス編み　16目28段が10cm四方
サイズ：頭回り50cm、深さ24cm

編み方：糸は1本どりで編みます。
ポッチは、指に糸をかける方法で4目作り目し、メリヤス編みで7段編み、編終りに糸を通して絞って両端をすくいとじにして、25cm糸を残して切ります。本体は、1目ゴム編みの作り目で80目作り目して輪にし、1目ゴム編みとメリヤス編みで編み、最後の2段で減し目をして、残った40目に糸を通して絞ります。ポッチをトップに縫いつけます。

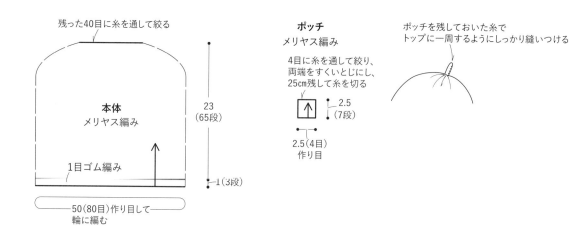

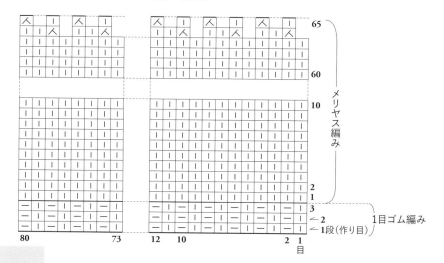

本体の編み方

Tips

・1玉使い切りのレシピ。ポッチを先に編み、糸が足りなくなったら本体の段数を調整します
・アンゴラは糸が切れやすいので、1周＋3目くらいに通して注意深く絞ります
・ポッチは絞ったあと小さく返し縫いしてからすくいとじするときりっとした形になります

Page 11　ボッブル＆タッセルのついた三角ストール

糸： ボーボリ（パピー）　黒（416）190g、白（401）65g
用具： 6号2本棒針、輪針（80cm以上）
　　　　※目数が増えたら、輪針で往復に編む
ゲージ： 模様編み　18目26段が10cm四方
サイズ： 幅168cm、長さ76cm

編み方： 糸は1本どりで、指定以外は黒で編みます。
指に糸をかける方法で2目作り目し、ガーター編みで6段編みます。3辺から目を拾い、模様編みで目を増しながら129段編みますが、白は編みくるまずに、渡します。編終りは模様が続くように伏止めにします。編終りの2段を裏に折り返してまつり、裏に渡っている糸を黒で縫いとめます。白でタッセルを作り、角に縫いつけます。

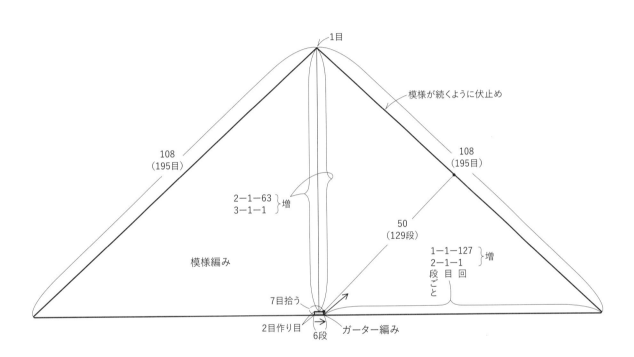

タッセルの作り方

1

厚紙に糸を指定回数巻き、中央に輪に結んだ糸を通し、矢印のように輪に糸をくぐらせる。

2

引き締める。中央の糸を端に寄せ、厚紙をはずす。

3

別糸の端を輪にして上からぐるぐる巻きにし、輪に糸端を通す。

4

糸端を強く引き、3で巻いたところに輪を隠す。輪を切り、切りそろえる。

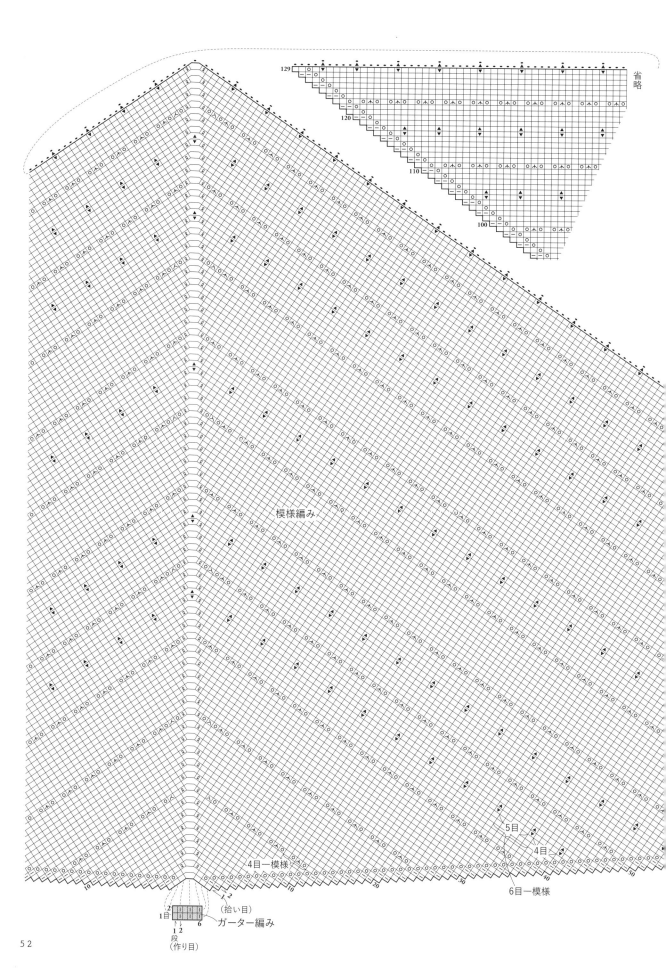

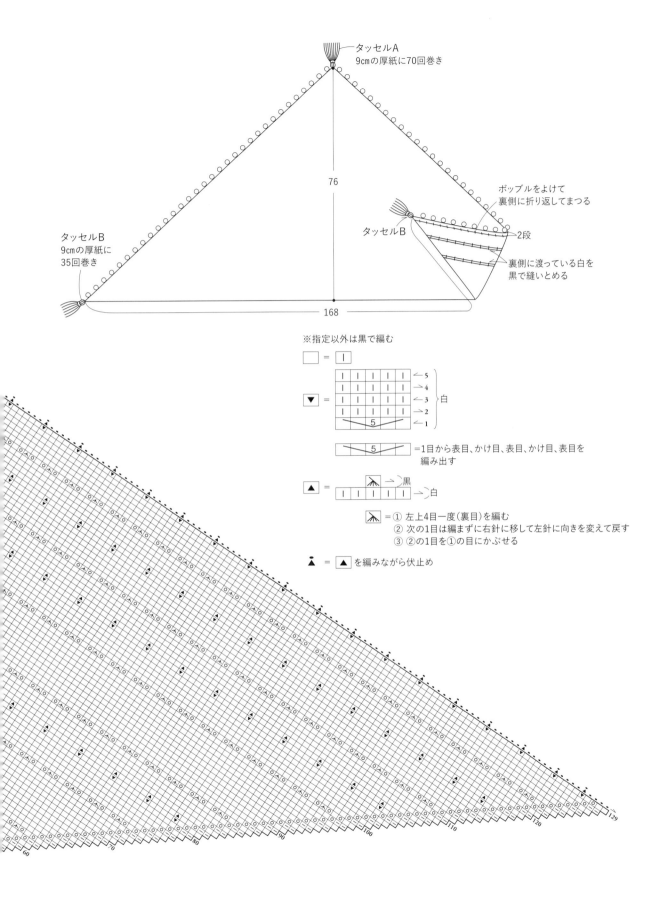

Page 12 「深い夏の森」を夢見るタートルのモヘアセーター

糸： ウールモヘヤ（DARUMA）　グレー（6）350g
用具： 7mm　2本、4本棒針
ゲージ： 模様編みA　1模様が12cm、16.5段が10cm
　　　　　模様編みB　9目が6cm、16.5段が10cm
サイズ： 身幅52cm、着丈61cm、袖丈54cm

編み方： 糸は1本どりで編みます。
前後身頃、袖は、1目ゴム編みの作り目をし、ねじり1目ゴム編みで16段編みます。増し目をし、模様編みA、A'、Bで編みますが、模様編みA、A'は段ごとに目数が変わるので注意します。肩をメリヤスはぎにし、衿は衿ぐりから目を輪に拾ってねじり1目ゴム編みで46段編み、編終りを伏止めにし、裏側に折って衿ぐりにまつります。脇、袖下をすくいとじにし、身頃と袖を目と段のはぎで合わせます。

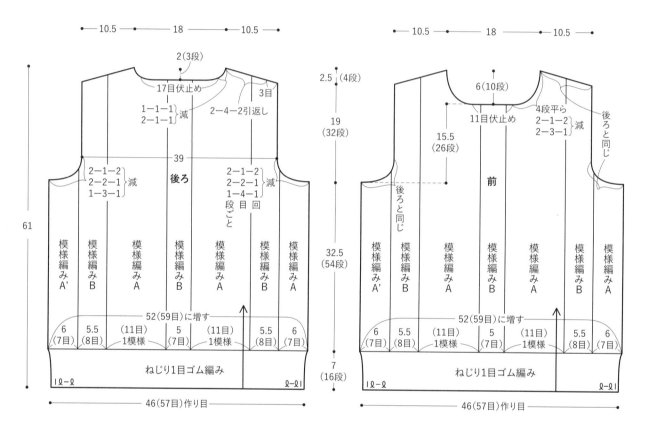

※模様編みA、A'は段ごとに目数が変わるので注意して編む

Tips

・モヘアは、糸を針にきちんとかけているつもりでも、毛だけを拾って目を落としてしまうことが多いので注意が必要です。数段編むごとに、絶えず編み地を光に透かし、落とした目がないか確認します
・モヘアを編んで、間違いに気づいてほどかなくてはいけない場合、注意深く糸をほどき、どうしても引っかかっているときは、糸切りばさみで回りの糸を少しずつ切りながらほどきます。糸の芯を切らないように気をつけて

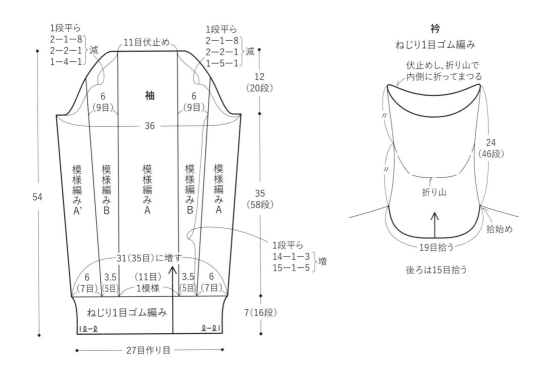

裾、袖口のねじり1目ゴム編みの記号図

衿のねじり1目ゴム編みの記号図

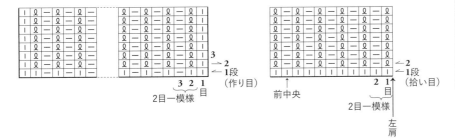

Tips

衿のねじり1目ゴム編みの拾始めは、左肩からスタートします。身頃からねじり模様がきれいにつながります

模様編みAの記号図

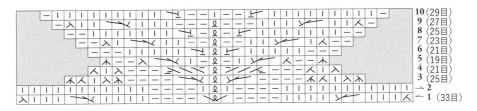

= 右増し目の要領で1段下の目をすくって表目で編み、左針の目をねじり目で編み、左増し目の要領で右針の2段下の目をすくって表目で編む

= 右増し目を編み、左増し目の要領で右針の2段下の目をすくって表目で編む

= 目のないところ

Tips

この模様編みは、1目からたくさん増してボリュームを出すので難解そうに見えますが、模様ごとの境目の縦ラインにそって印をつけ、印ごとに目数を確認しながら編み進むと、間違いを防ぐことができます

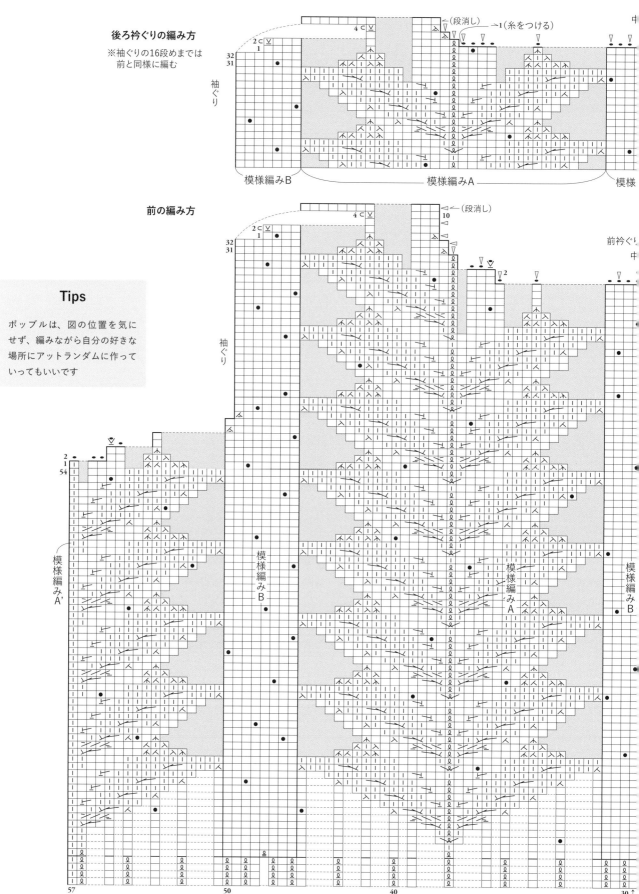

後ろ衿ぐりの編み方
※袖ぐりの16段めまでは前と同様に編む

前の編み方

Tips

ポップルは、図の位置を気にせず、編みながら自分の好きな場所にアットランダムに作っていってもいいです

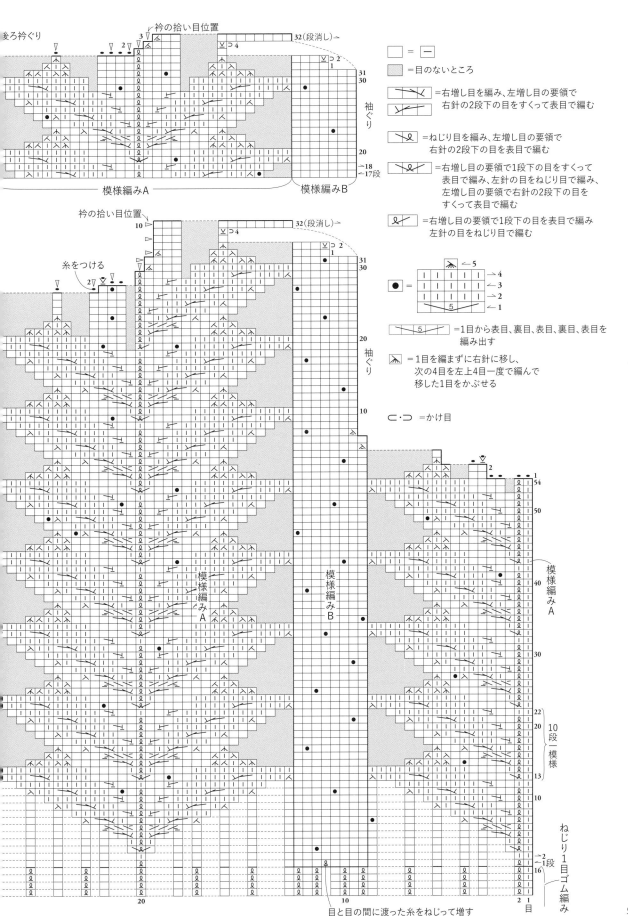

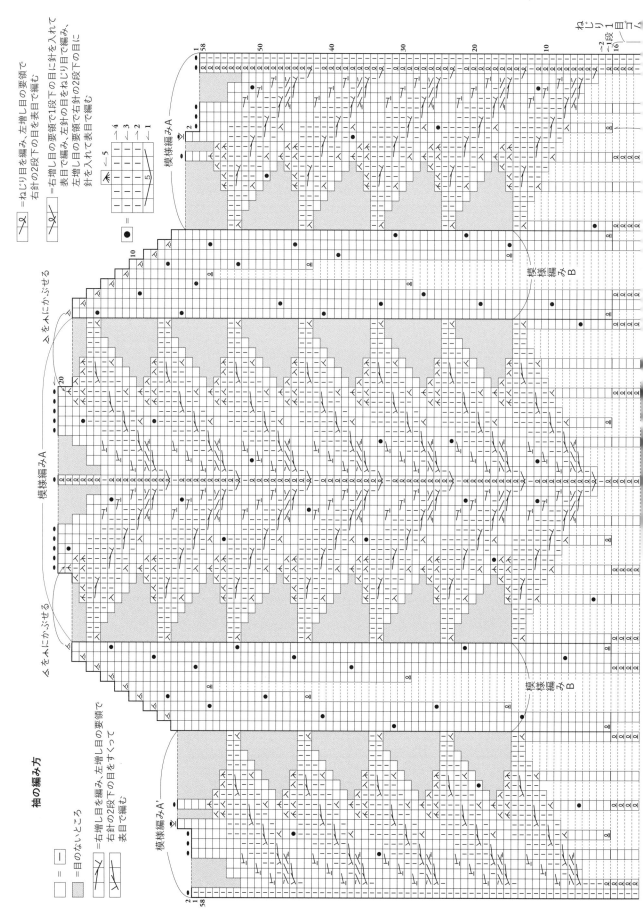

Page 14　おもちゃのカーディガン

糸：　　コンビネーションウール（DARUMA）
　　　　紺（7）460g、紺と白の混り糸（6）120g、赤（5）40g
用具：　7mm 2本棒針
ゲージ：メリヤス編み　13目18段が10cm四方
サイズ：身幅51cm、着丈53cm、ゆき丈72.5cm
編み方：糸は1本どりで、指定以外は紺で編みます。
後ろ身頃は、1目ゴム編みの作り目で45目作り目し、1目ゴム編みとメリヤス編みで、指定の位置まで対称に編みます。2枚の中央の12目を重ねて拾ってメリヤス編みで編み、編終りは伏止めにします。前身頃は同様に作り目し、模様編みA、B'、1目ゴム編み、メリヤス編みで編みますが、ポケットあきには別糸を編み込みます。袖は同様に作り目し、1目ゴム編み、メリヤス編み、模様編みBで編みます。ポケットあきの別糸をほどいて目を拾い、ポケット口を1目ゴム編みで編んで伏止めにし、下4段分を身頃にすくいとじでつけ、内側に二つ折りにしてまつります。ポケット裏は、ポケットあきから目を拾ってメリヤス編みで編み、身頃の裏側にまつります。ラグラン線、脇、袖下をすくいとじにし、伏止めの3目ずつはメリヤスはぎにします。

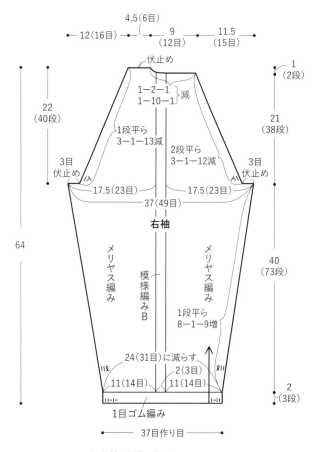

※左袖は対称に編む

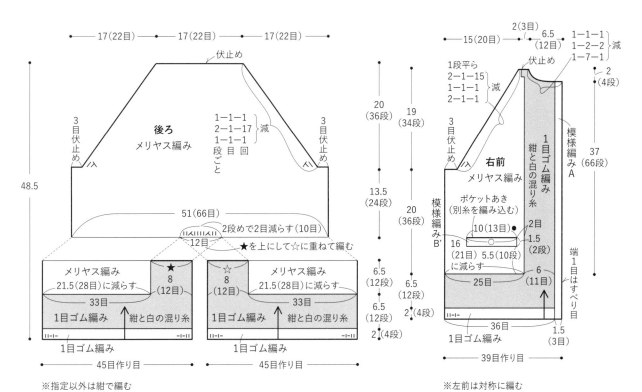

※指定以外は紺で編む　　　　　　　　　　　　　　　※左前は対称に編む

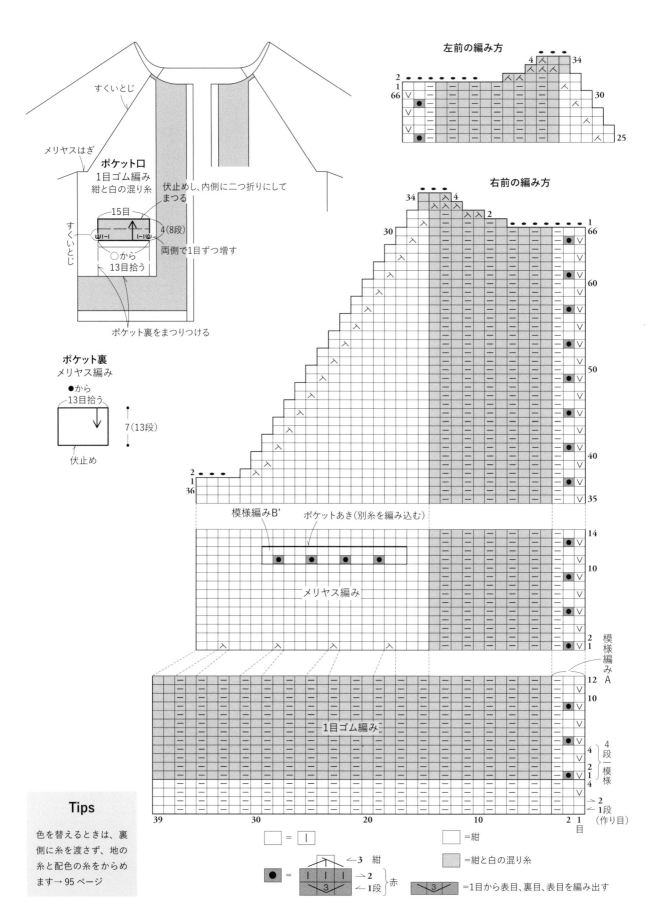

ポケットの編み方（※目数は作品と異なります）

1

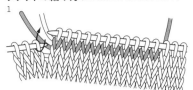

ポケット口の手前で糸を休め、
別糸でポケット口の目数を編む
休めておいた糸で、別糸で編んだ目を編み、
続きを編む

2

ポケットの編み方続き

別糸をほどき、上向きの目を針にとり、
下向きの目は別糸を通して休める
針にとった上向きの目にポケット口を編み、
下向きの目にポケット裏を編む

左袖の編み方

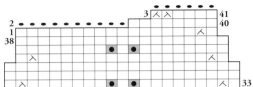

右袖の編み方

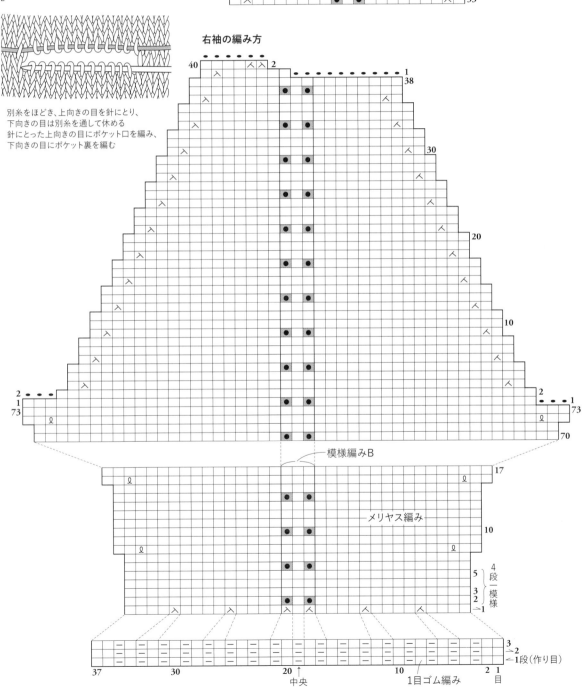

模様編みB

メリヤス編み

4段一模様

1目ゴム編み

中央

61

Page 16　縁がヘリンボーンの「上着の上着」カーディガン

糸： ガウディ（アヴリル）　カラシ（49）730g
用具： 10mm 2本棒針
その他： 直径2.5cmのボタン3個
ゲージ： 模様編みA　17目が10cm、7段が4.5cm
　　　　　模様編みB　14目14段が10cm四方
　　　　　模様編みC　12目が7cm、14段が10cm
サイズ： 身幅45cm、着丈61cm、背肩幅35cm、袖丈54.5cm
編み方： 糸は1本どりで編みます。

前後身頃は、指に糸をかける方法で作り目し、模様編みA（ヘリンボーン・ステッチ／p.40参照）、B（ツイードモックリブ／p.39参照）、C、C'で編み、後ろ衿を伏止めにし、肩はエストニアンブレードの伏止め（p.39参照）にします。右前には模様編みAでボタン穴をあけながら編みます。袖は同様に作り目し、模様編みA、Bで編みます。肩をメリヤスはぎにします。左右の後ろ衿をメリヤスはぎにし、後ろ衿ぐり（☆・★）に目と段のはぎでつけます。脇、袖下をすくいとじにし、袖を身頃に目と段のはぎでつけます。左前にボタンをつけます。

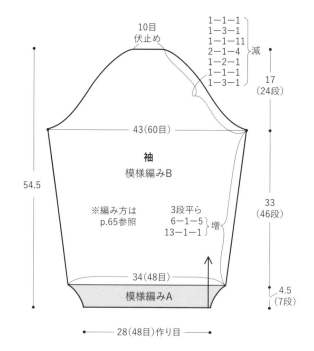

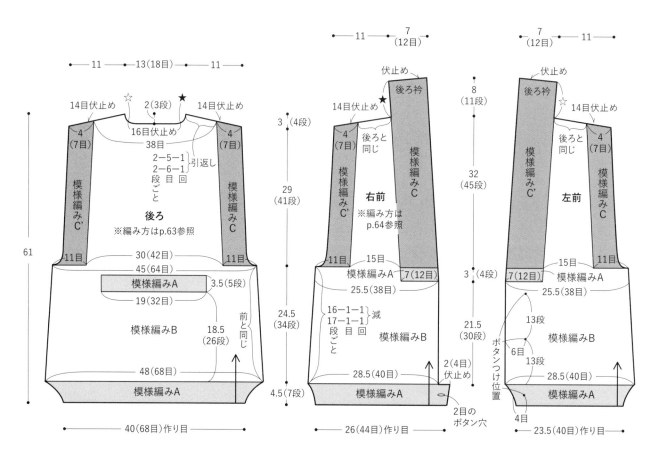

模様編みA(ヘリンボーン・ステッチ)の記号図

模様編みB(ツイードモックリブ)の記号図

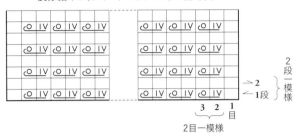

模様の終りはヘリンボーン・ステッチを半分編んだ目が残るので、同様に1目に針を入れて表目(裏側は裏目)を編む

☐ = |

⋏ ⋏ =p.40参照

|○|Ⅳ| =p.39参照

|○|I|Ⅳ| = |○|Ⅳ| の要領で表目2目とかけ目1目にすべり目をかぶせる

|○|⋏Ⅴ| = |○|Ⅳ| の要領で右上2目一度とかけ目にすべり目をかぶせる

|○|I|⋏Ⅴ| = |○|Ⅳ| の要領で右上2目一度、表目、かけ目にすべり目をかぶせる

⊃・⊂ =かけ目

≻ =エストニアンブレードの伏止め(p.39参照)

後ろの編み方

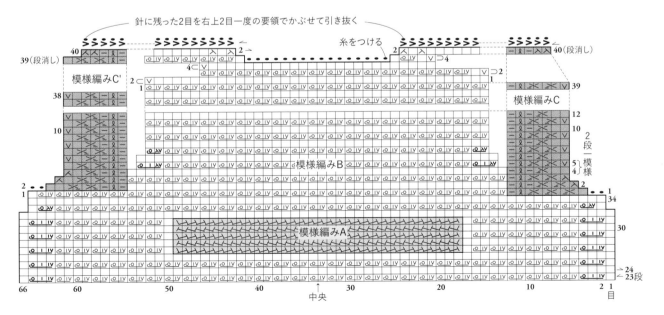

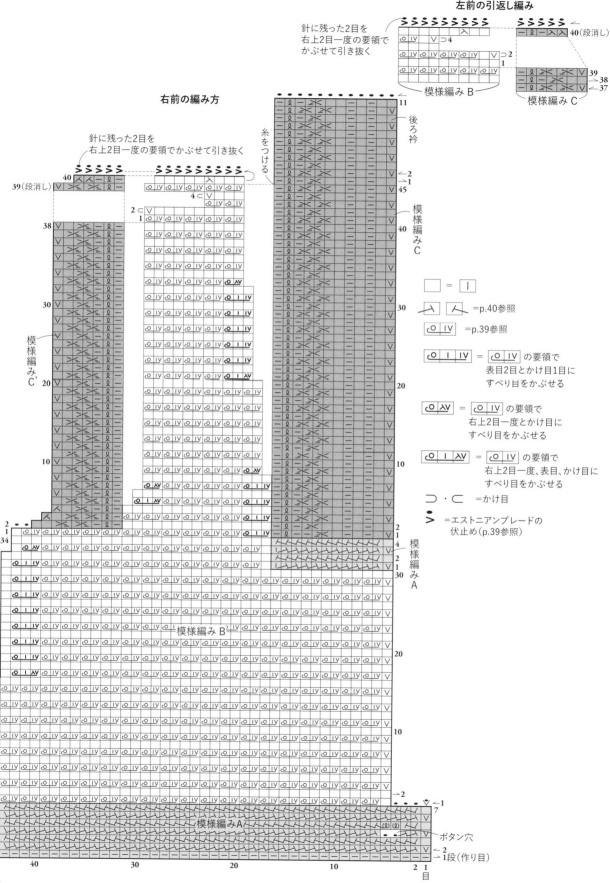

袖の編み方

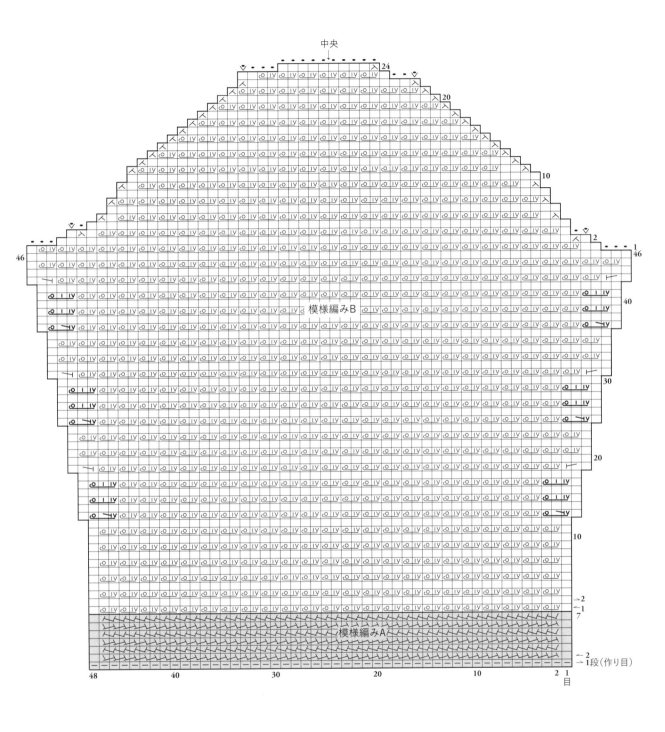

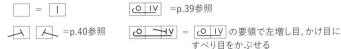

= p.39参照

= p.40参照

= の要領で左増し目、かけ目にすべり目をかぶせる

Page 18　パウダーピンクのハチの巣モヘアカーディガン
Page 32　2色糸ウールのハチの巣カーディガン

糸：　（P.18）Ombelle（Fonty）淡ピンク（1024）290g
　　　（P.32）ギーク（DARUMA）
　　　　　　　サビイロにブルー（5）370g
用具：　11号2本棒針
その他：直径1.5cmのボタン7個
ゲージ：（P.18）模様編みA　14目34段が10cm四方
　　　　（P.32）模様編みA　14目38段が10cm四方
サイズ：（P.18）身幅43.5cm、着丈52.5cm、ゆき丈67cm
　　　　（P.32）身幅43.5cm、着丈47.5cm、ゆき丈61.5cm

編み方：糸は1本どりで編みます。
後ろ身頃と袖は、1目ゴム編みの作り目をし、1目ゴム編みを11段編み、続けて模様編みA（ハニカム・ステッチ）でラグラン線と衿ぐりで減らしながら編み、編終りは伏止めにします。前身頃は、同様に作り目し、前立てを模様編みBで編みながら、1目ゴム編み、模様編みAを編んで13目を休み目し、ポケット口の18段を編んで休み目にします。右前にはボタン穴をあけます。ポケット裏は指に糸をかける方法で作り目して左は23段、右は24段編み、前身頃の休み目から目を拾って、前身頃の続きを編みます。ラグラン線、脇、袖下をすくいとじにし、伏止めの2目ずつはメリヤスはぎにします。衿ぐりから目を拾い、前立ては模様編みB、前後衿ぐりは1目ゴム編みで5段編み、前立ては減らしながら伏止めにし、前後衿ぐりはさらに7段編んで伏止めにします。折り山で折って衿ぐりにまつりつけます。身頃にポケット裏をまつります。ボタンをつけます。

※目数は方眼のマス数で表記しています
※太字はp.32のギークで編んだ寸法で、指定以外は共通です

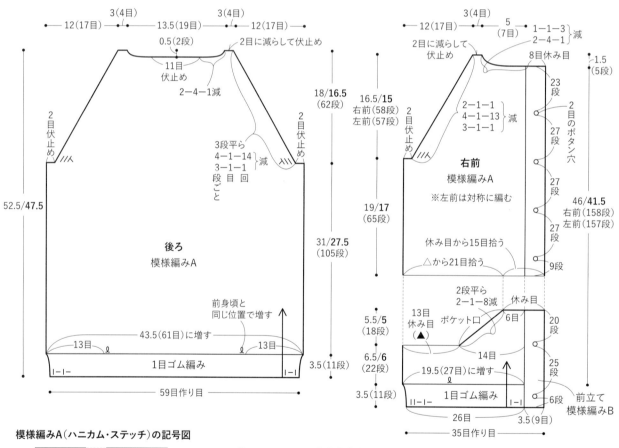

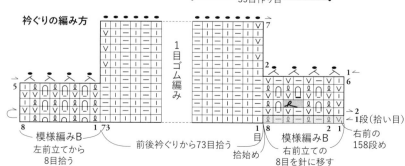

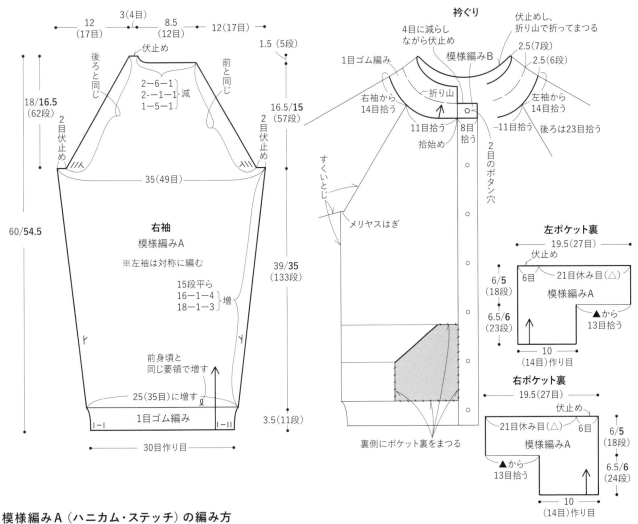

模様編みA（ハニカム・ステッチ）の編み方

1段め（裏側）。[ov]でかけ目とすべり目をする。

表目を編む。以後、かけ目・すべり目と表目を繰り返す。

2段め（表側）。前段が裏目のところに、表目を編む。

次の目は、前段のかけ目を編まずに、前段のすべり目を表目で編む。

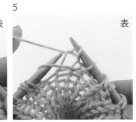

編んだところ。前段のかけ目が左針に残る。

左針に残ったかけ目を編まずに右針に移す（[V]）。表目、表目・すべり目を繰り返す。

3段め（裏側）。前段が裏目のところに、かけ目とすべり目をする（[ov]）。

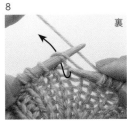

前段のすべり目と裏目に矢印のように針を入れる。

2目一緒に表目で編む（[△]）。

編んだところ。かけ目・すべり目、表目の左上2目一度を繰り返す。

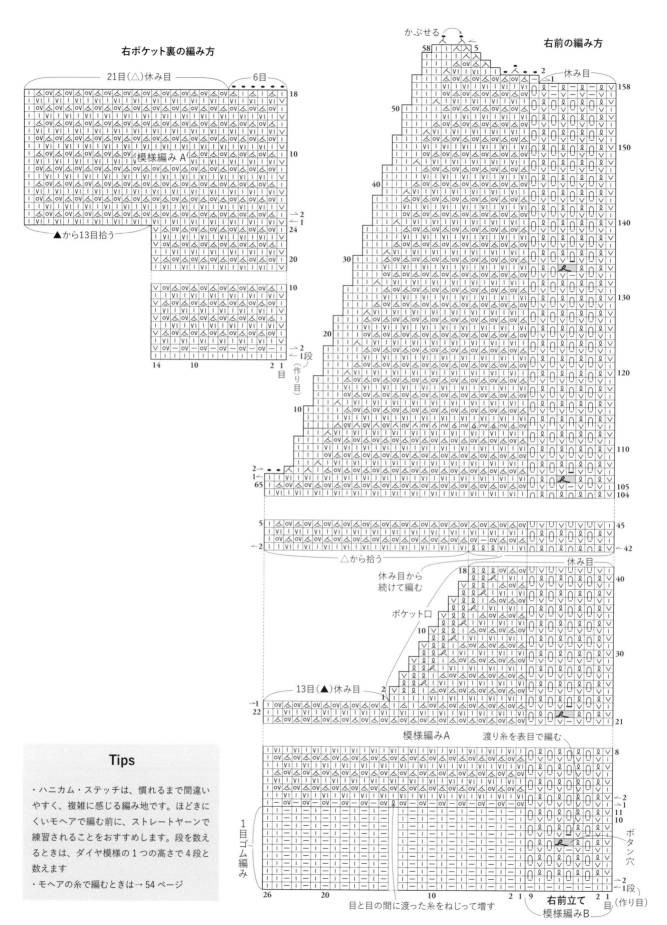

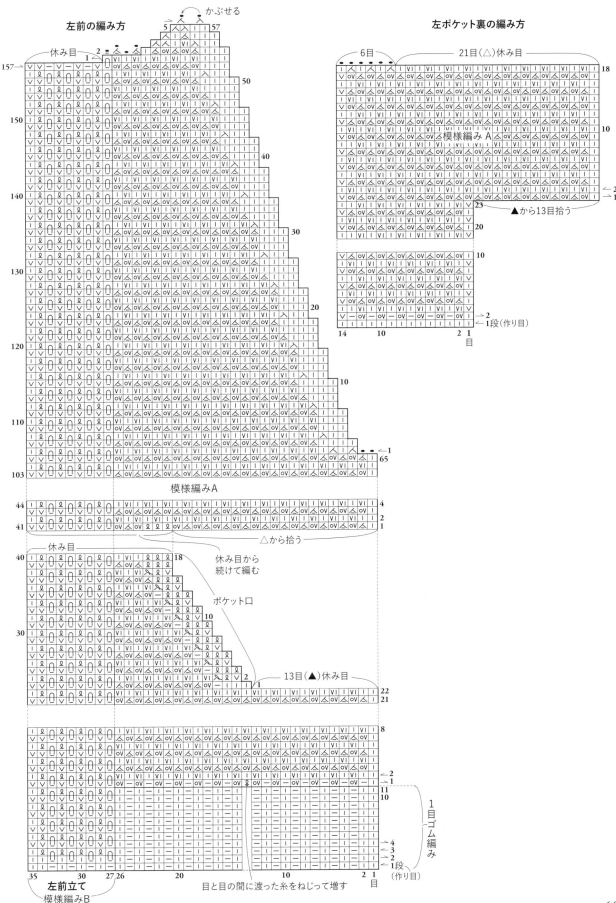

Page 20　2色編みの長い長いマフラー

糸： 空気をまぜて糸にしたウールアルパカ（DARUMA）
ベージュ（2）、黒（9）各180g
用具： 8mm 2本棒針
ゲージ： 模様編み　20目38段が10cm四方
サイズ： 幅21.5cm、長さ252cm
編み方： 糸は2本どりで編みます。
指に糸をかける方法で、黒で43目作り目し、1目ゴム編みを編みます。
続けて、模様編み（モススリップ・ステッチ）で950段編み、黒で1目ゴム編みを編みます。編終りは減らしながら伏止めにします。

↗↑ ＝左上2目一度（裏目）の要領で3目一度に裏目を編む

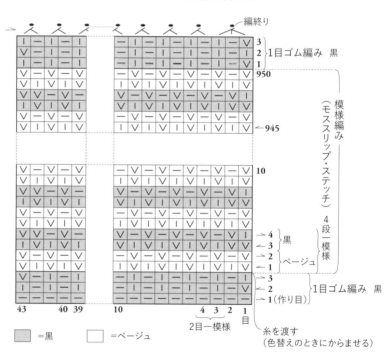

Tips

・マフラーなどの裏が見えるものを編むときは、糸がなくなったらとじ針を使って糸をつなぎます。新しい糸（A）をとじ針に通し、これまで編んでいた糸（B）に撚りを割って刺し入れます

模様編み（モススリップ・ステッチ）の編み方

1　1段め（表側）。黒を休ませ、ベージュを持ち、1目めは編まずに右針に移す（すべり目）。

2　2目めを表目で編む。同様に、すべり目と表目を繰り返す。

3　2段め（裏側）。同様に、ベージュを持ち、浮き目（糸を手前に渡して編まずに右針に移す）と表目を繰り返す。

4　3段め（表側）。ベージュを休ませ、黒を持ち、2目すべり目し、表目を編む。

5　以後、前段が黒のところは表目、ベージュのところはすべり目をする。

Page 26 植物模様の指穴つきミトン

糸： メリノスタイル極太（DARUMA）
　　　白（301）35g、紺（313）30g
用具： 12号2本棒針
ゲージ： 模様編みの編込み模様　20目22段が10cm四方
サイズ： 手首回り18cm、長さ26cm

編み方： 糸は1本どりで、指定の配色で編みます。

甲側は、1目ゴム編みの作り目をし、模様編みの編込み模様で配色をしながら20段編み、親指のまちを増しながら17段編みます。甲の続きを編んで指先を減らし、4目に減らしながら伏止めにします。親指は、親指のまちから目を拾い、減らしながら編みます。てのひら側は、同様に作り目をし、1目ゴム編みで甲側と同じ要領で編みますが、途中で人さし指穴をあけ、指先を減らし、3目に減らしながら伏止めにします。親指は、親指のまちの休み目から目を拾い、減らしながら編みます。てのひら側の人さし指穴の巻き目から紺で目を拾い、人さし指タブを編み、両端を紺でまつります。てのひら側と甲側を白ですくいとじにします。

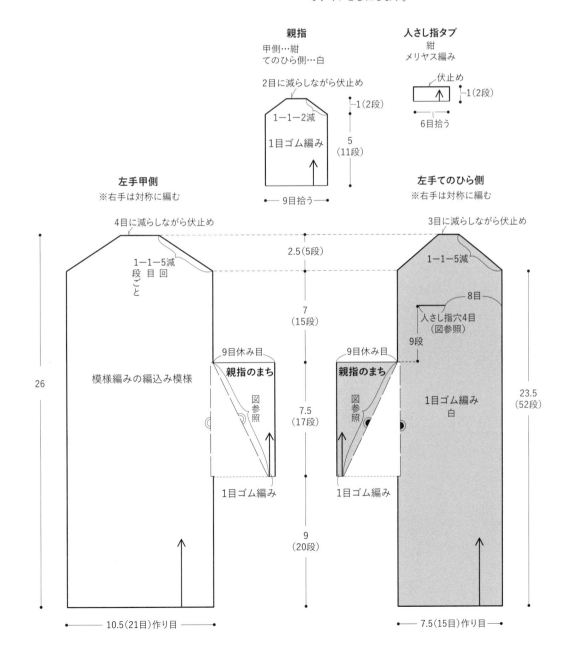

左手甲側
模様編みの編込み模様

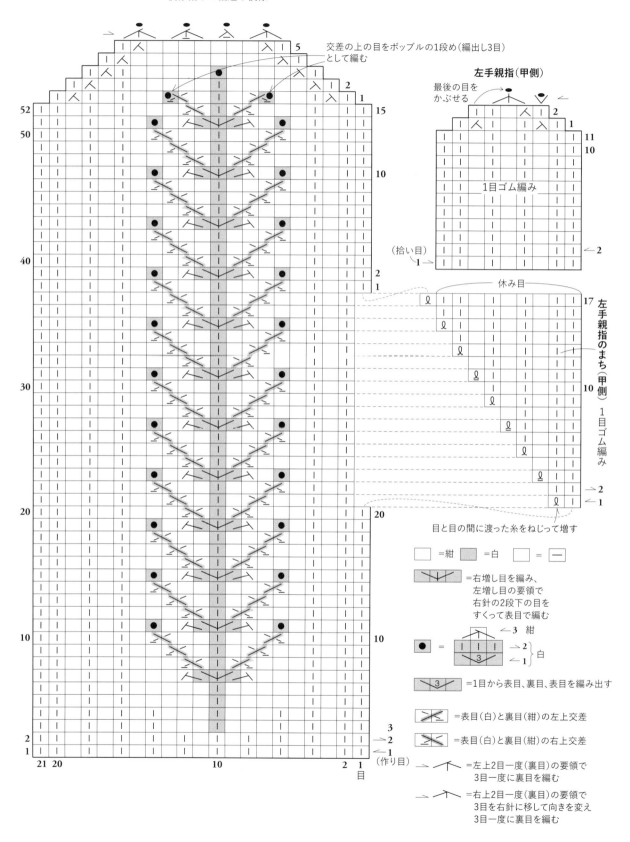

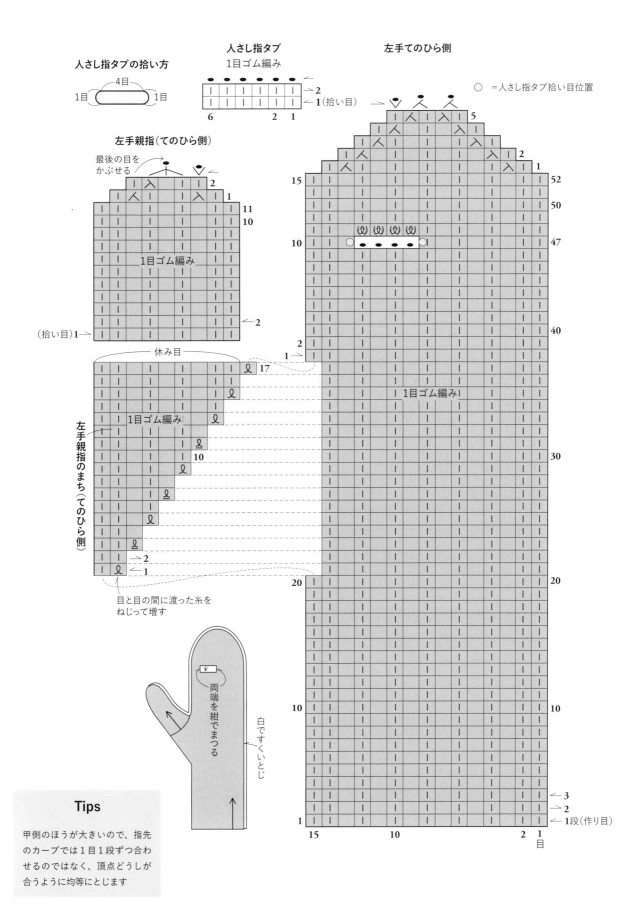

Page 22　昔風に素朴に編んだベニワレン風ポケットつきのジレ

糸： ソノモノ《超極太》（ハマナカ）　オフホワイト（11）490g
エクシードウールL《並太》（ハマナカ）　黒（330）5g
用具： 8mm 2本棒針、輪針（80cm以上）
※作り目から56段めまでは輪針で往復に編む
ゲージ： 1目ゴム編み　18.5目 16.5段が10cm四方
ループ編みの編込み模様　16.5目 22.5段が10cm四方
サイズ： 身幅42cm、着丈59.5cm、背肩幅34cm

編み方： 糸は1本どりで、指定の配色で編みます。
前後身頃は、指に糸をかける方法で161目作り目し、1目ゴム編みで56段編みます。続けて、右前身頃を編み、肩は引返し編みをして前段と同じ記号で伏止めにします。後ろ身頃、左前身頃は、指定の位置に糸をつけ、同じ要領で編みます。ポケットは、指に糸をかける方法で作り目し、ループ編み（p.38参照）の編込み模様で編み、右前身頃に縫いつけます。肩の表目のみをメリヤスはぎにします。黒で裾、前端、衿ぐりと袖ぐりにブランケット・ステッチをします。両衿の角を外側に折り曲げて縫いつけます。

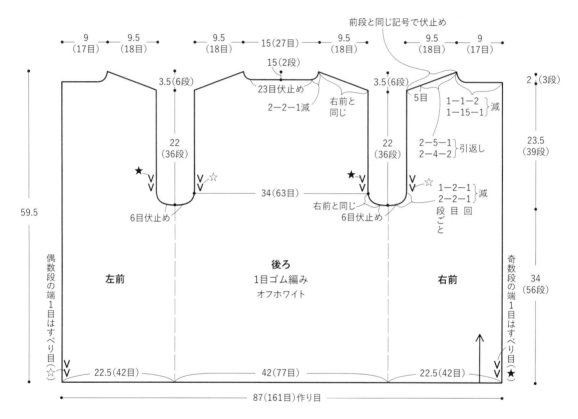

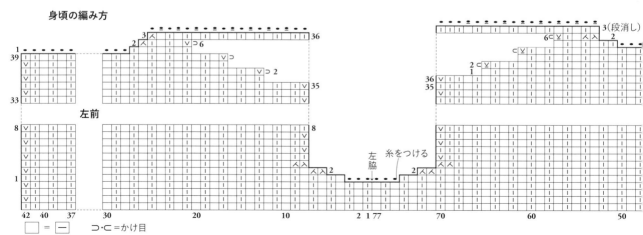

Tips

- ブランケット・ステッチは、2目おきの目安で刺します。角まであと10cmほどになったら、角にステッチがくるようにつじつまを合わせて均等に刺します
- 糸をつなぐときは→70ページ

ブランケット・ステッチ

Tips

黒の糸は、裏に渡します。渡り糸が長くなるので、裏でからめてとめます→95ページ

ポケット
ループ編みの編込み模様

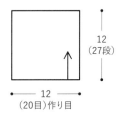

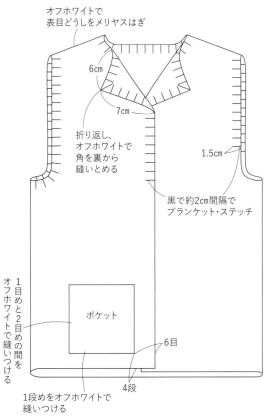

ポケットの編み方

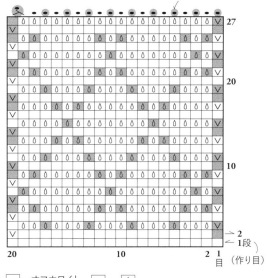

□ =オフホワイト　□ = |
■ =黒　　　　　　○ =ループ編み(p.38参照)

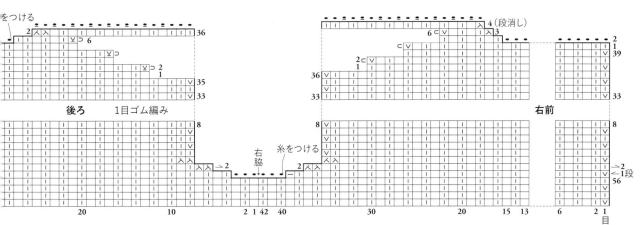

後ろ　1目ゴム編み　　　　　　　　　　　　　　　右前

75

Page 24 「食器」模様のロピ風セーター

糸： Pur Mohair (Au Fil des Nuages)
　　　白（Écru）240g、ブルー（Bleu Pacifique）80g
用具： 11号、13号4本棒針、輪針（80cm）
ゲージ： メリヤス編み　12.5目18段が10cm四方
　　　模様編みの編込み模様　14目18段が10cm四方
サイズ： 胸囲104cm、着丈67.5cm、ゆき丈82.5cm

編み方： 糸は1本どりで、指定の配色で編みます。
身頃と袖は、1目ゴム編みの作り目をして輪にし、11号針で1目ゴム編みを編み、13号針に替えてメリヤス編み、模様編みの編込み模様A、Bで編み、指定の位置を伏止めにし、残った目は休み目にします。身頃と袖の合い印どうしをメリヤスはぎ、目と段のはぎにします。
ヨークは、後ろ身頃の9目、左袖、前身頃、右袖、後ろ身頃の44目の順に目を拾い、模様編みの編込み模様A、A'、Cで減らしながら編みます。続けて、11号針で衿ぐりを1目ゴム編みで編み、伸縮性のある伏止め（p.41参照）にします。

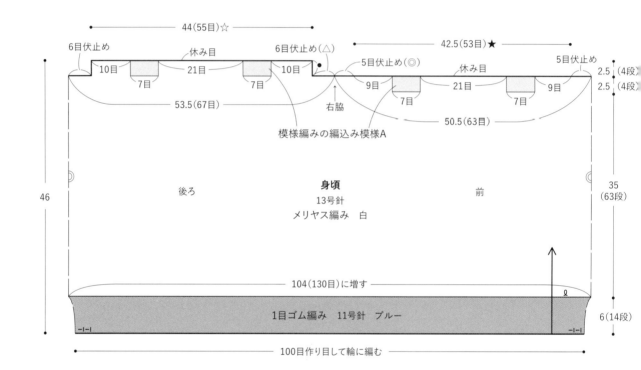

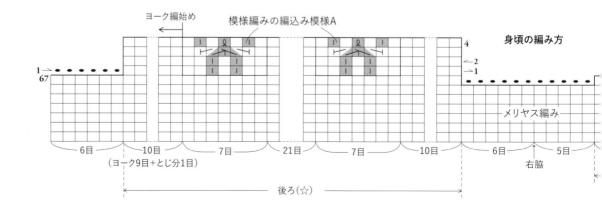

Tips

身頃も袖も、模様編みの編込み模様Aの境目に印をつけながら編むとわかりやすいです

Tips

・モヘアで編む編込み模様は、特に引っ張りやすく、出来上がりが引きつりやすいので、裏に渡る糸にゆとりをもたせるようにしてください
・モヘアの糸で編むときは→54ページ

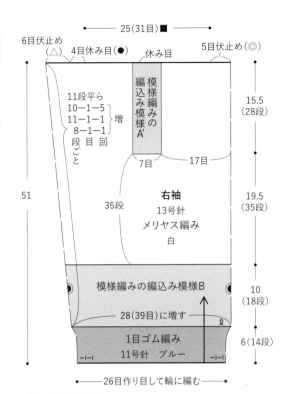

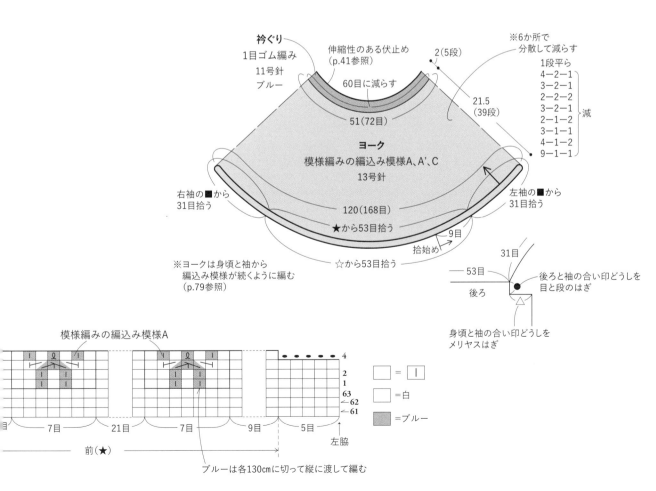

右袖の編み方

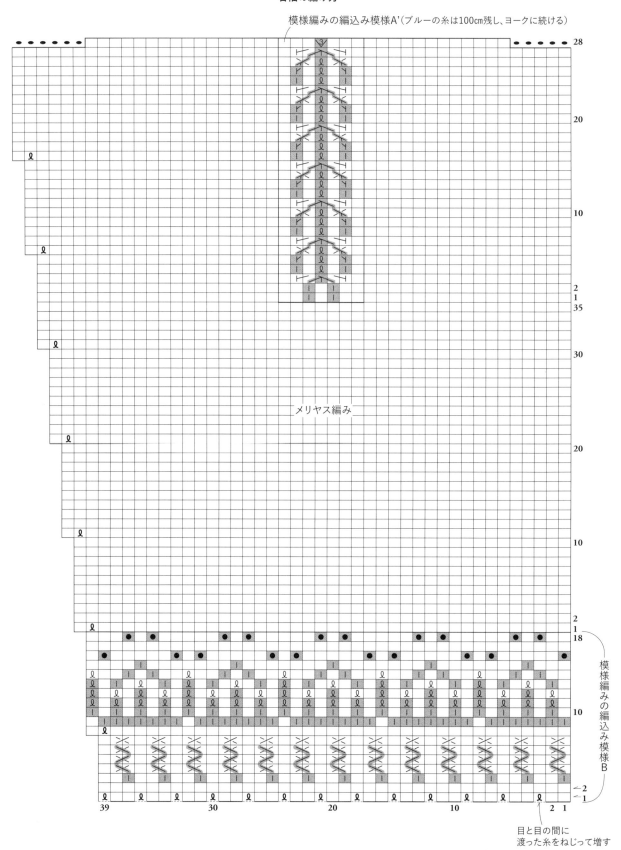

ヨークと衿ぐりの編み方

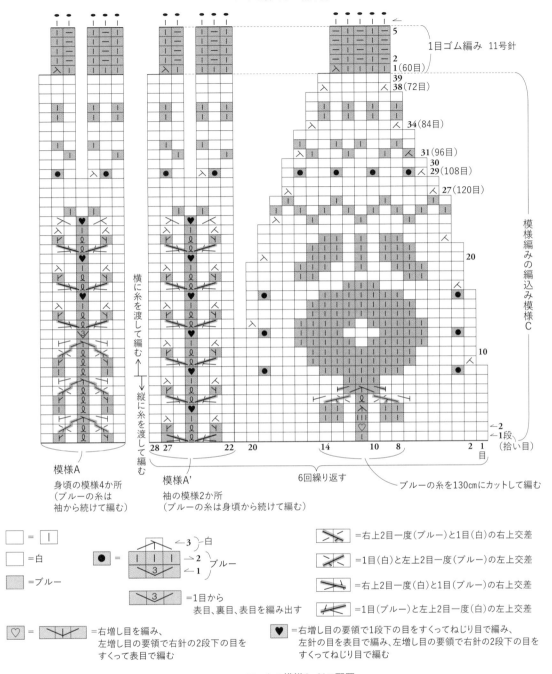

ヨークの模様A、A'の配置

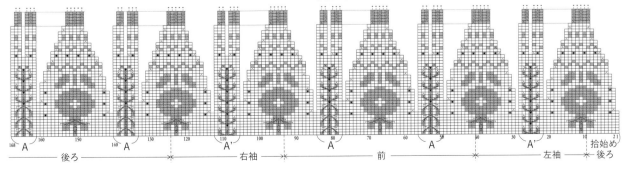

Page 27　Vネックのざっくりモヘアセーター

糸： キッド・モヘア（ラ・ドログリー）
翡翠色（vert jade）360g

用具： 13号、7mm 2本棒針、13号輪針（60cm以上）
※衿ぐりは輪針で往復に編む

ゲージ： メリヤス編み　11.5目18段が10cm四方

サイズ： 身幅52cm、着丈61.5cm、ゆき丈77.5cm

編み方： 糸は1本どりで編みます。

前後身頃は、13号針で2目ゴム編みの作り目をし、2目ゴム編みで増減なく編みます。7mm針に替え、メリヤス編みで、ラグラン線と衿ぐりを減らしながら編み、編終りは1目に減らして伏止めにします。袖は同様に作り目し、2目ゴム編みとメリヤス編みで増減しながら編みます。ラグラン線、脇、袖下をすくいとじにし、伏止めの3目ずつはメリヤスはぎにします。衿ぐりは、13号針で目を拾い、2目ゴム編みを往復に増減なく編み、編終りは伸縮性のある伏止め（p.41参照）にし、両端を図のようにまつりつけます。

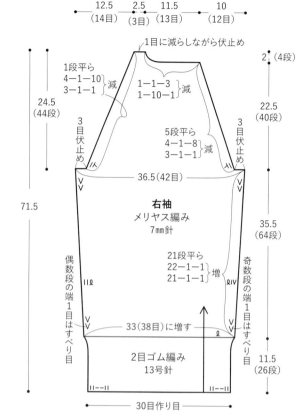

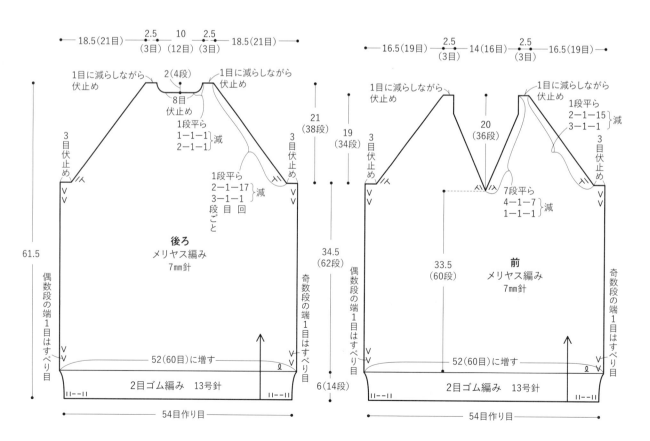

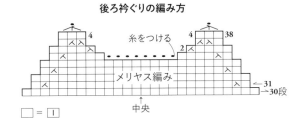
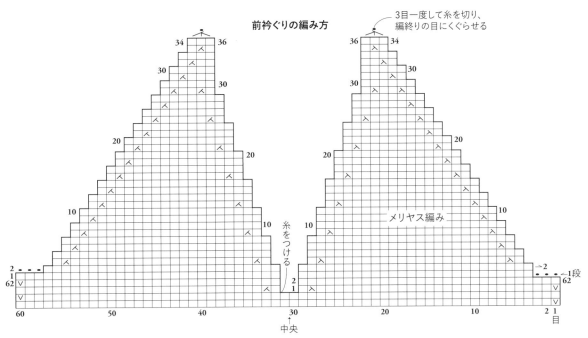
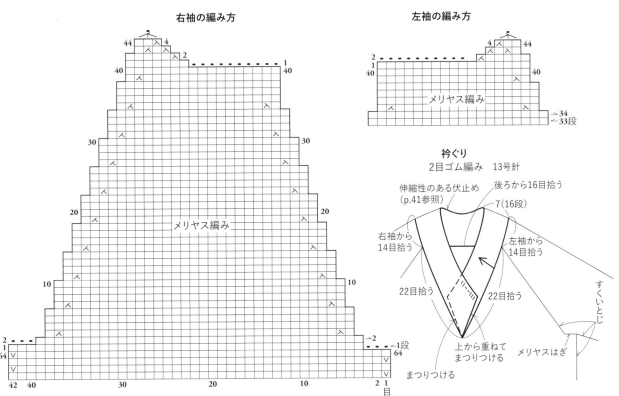

Page 28　"控えめな"ニット帽、2色使いのイギリスゴム編みで

糸： ソノモノアルパカウール（ハマナカ）
　　 グレー（44）65g、白（41）50g
用具： 9号4本棒針
ゲージ： 模様編みの縞模様　18目40段が10cm四方
サイズ： 頭回り38cm、深さ29cm

編み方： 糸は1本どりで、毎段色を替えながら編みます。
グレーで1目ゴム編みの作り目をして輪にし、模様編みの縞模様（イギリスゴム編み）で毎段色を替えながら、指定の位置で増減をして編みます。残った44目のうち、裏目22目にはグレーを2周通し、さらに表目22目に白を2周通してそれぞれ絞ります。

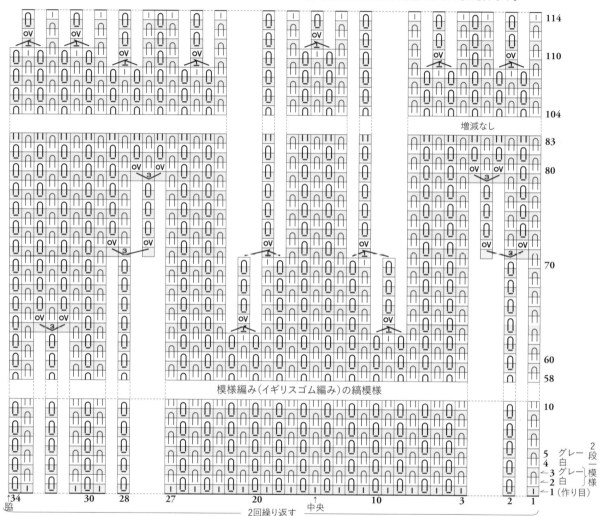

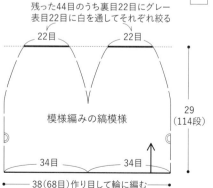

模様編みの縞模様（イギリスゴム編み）の編み方 →p.43Tips参照
常に白は表目が、グレーは裏目が引き上がり、2色のイギリスゴム編みになる

2段め。白だけを持ち、表目を編む。

次の目の⋂の2段めでかけ目とすべり目をする。

3段め。グレーだけを持ち、⋂の2段めでかけ目とすべり目。

Page 29 「ドゥドゥ」マフラー

糸： アンジェロ（パピー）
白（501）100g、ピンク（502）、グレー（504）、
紺（505）各50g
用具： 10mm輪針（40cm）
ゲージ： ガーター編み 9.5目12.5段が10cm四方
サイズ： 幅20cm、長さ148cm

編み方：糸は1本どりで、指定の配色で編みます。
紺で指に糸をかける方法で38目作り目して輪にし、ガーター編みで色を替えながら編みます。指定の段数を目安に編みますが、糸を使い切るように編みます。編終りは伏止めをします。編始めと編終りをそれぞれ巻きかがりはぎにして穴をふさぎます。

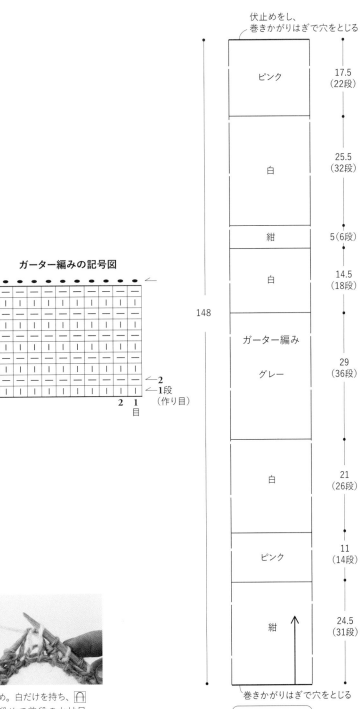

4 🄰の1段めで前段のかけ目とすべり目を一緒に裏目で編む。

5 4段め。白だけを持ち、🄰の1段めで前段のかけ目とすべり目を一緒に表目で編む。

83

Page 30 "エレガントではない"ニット帽、耳とポンポンつき

糸： ドゥー！（ハマナカ） 黒（8） 100g
用具： 12mm 4本棒針
ゲージ： メリヤス編み 7.5目10段が10cm四方
サイズ： 頭回り45.5cm、深さ29cm
編み方： 糸は1本どりで編みます。

別鎖の作り目で34目作り目し、メリヤス編みを図のように減らしながら編み、残った16目に糸を通して絞ります。作り目から目を拾い、メリヤス編みと1目ゴム編みで4段編み、右耳当てを編み、図のように減らしながら伏止めをします。糸をつけて前を1目ゴム編み止めにし、左耳当てを同様に編んで、後ろを1目ゴム編み止めにします。ポンポンを作り、トップにつけます。

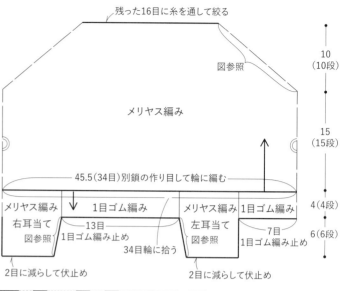

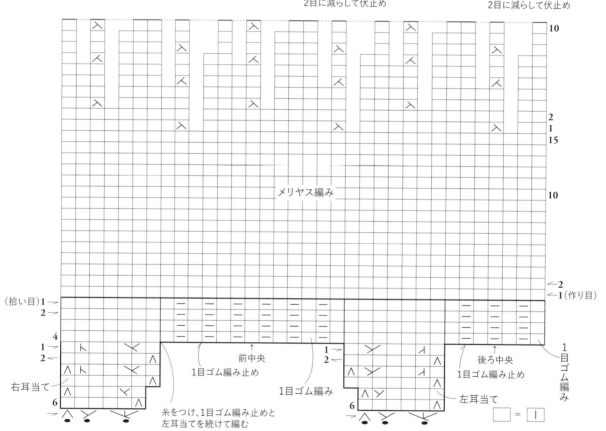

ポンポンの作り方

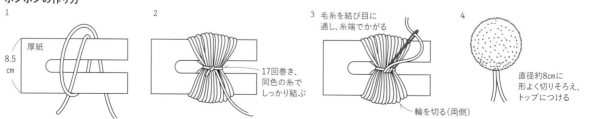

Page 31　ヘリンボーンのウールクラッチ

糸： ガウディ（アヴリル）黒（30）80g、緑（34）70g
用具： 8mm、15mm 2本棒針　8/0号かぎ針
その他： 幅27cmのバネ口金、直径6mm・長さ26cmの木の棒、黒のはぎれ
ゲージ： 模様編み　17目10段が10cm四方
サイズ： 幅28cm、深さ19cm

編み方： 糸は1本どりで、指定の針と配色で編みます。
本体は、緑で指に糸をかける方法で作り目し、模様編み（ヘリンボーン・ステッチ）で増減なく38段編み、編終りは8mm針で模様が続くように伏止めにします。芯棒入れとバネ口金通しを編み、図のように仕上げます。

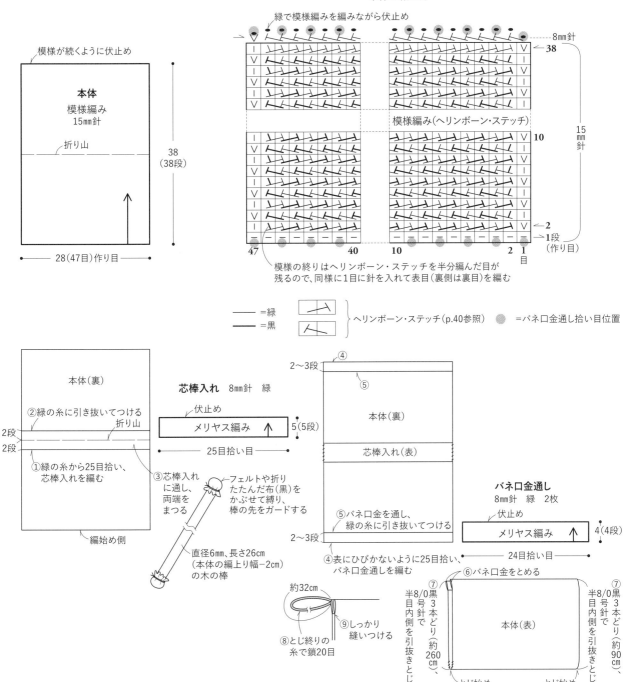

Page 33　フランス人の愛するガーター編みのひもつきミトン

糸： 原毛に近いメリノウール（DARUMA）
　　　赤茶色（18）60g、黒（10）15g
　　　ラメのレース糸 #30（DARUMA）　金（1）5g
用具： 7mm 4本棒針、2号レース針
その他： 10×15mmのカニカン2個
ゲージ： ガーター編み　12目が10cm、22段が9.5cm
サイズ： てのひら回り17cm、長さ21.5cm

編み方： 糸は、指定の色と本数で編みます。
2目ゴム編みの作り目で16目作り目して輪にし、2目ゴム編みを編みますが、3段めの指定の位置で金ラメ1本だけでカニカン用ループを鎖編みで編みます。20目に増し、甲側とてのひら側をガーター編みで編みますが、親指穴（左右で位置を変える）の下側は別糸を通して休め、上側の目を作ります（p.40参照）。親指穴から親指の目を拾い、指先を図のように減らして残った目に糸を通して絞ります。ひもはカニカンに糸をつけて鎖編みを編み、編終わりにもカニカンをつけます。

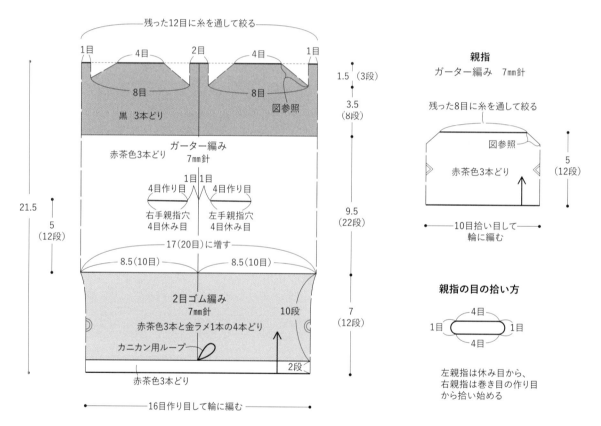

Tips

3本どりの毛糸の使い方。赤茶色は2玉あるので、1玉は中央と外側の両側から使い、もう1玉は中央から使います。片手を編み終わったら、両側から使う糸玉を逆に。黒は1玉しかないので、3等分に切り分けます。目分量でかまいませんが、はかりを使うと正確です

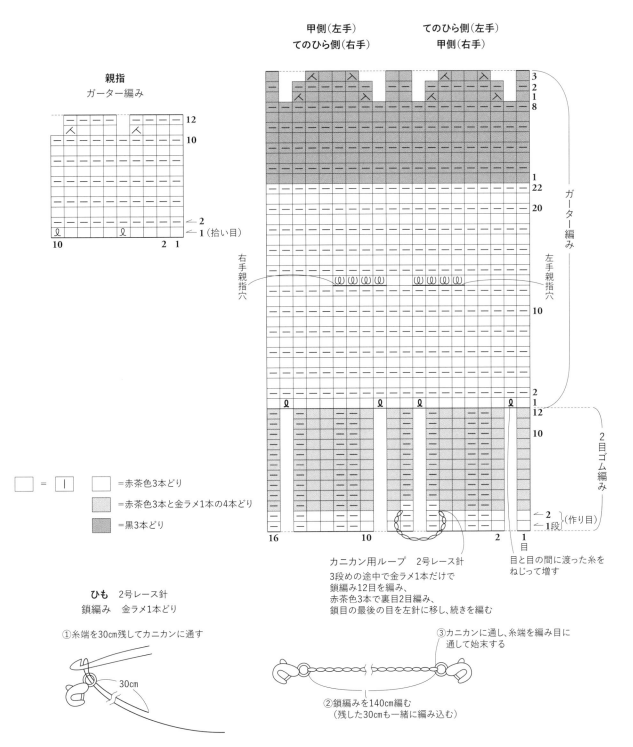

Page 34 白いアンゴラウサギのリストウォーマー

糸： Angora Super（Anny Blatt） 白（182） 25g
用具： 8号4本棒針
ゲージ： メリヤス編み 18目30段が10cm四方
サイズ： 手首回り19.5cm、長さ13cm
編み方： 糸は1本どりで編みます。
指に糸をかける方法で35目作り目し、メリヤス編み、模様編みを編みます。模様編みは、段ごとに目数が変わるので注意します。編終りは伏止めにします。もう片方も同様に編みます。

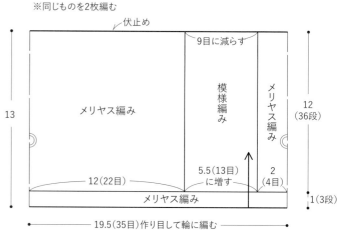

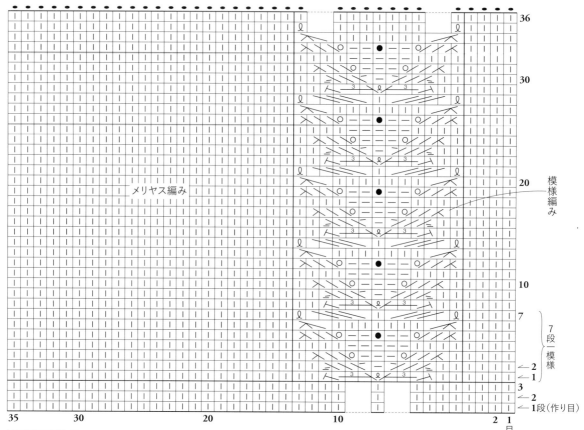

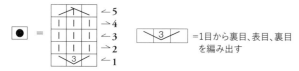

88

Page 35　スパンコールつきお花のヘッドバンド

糸：　　Fine Kid（Anny Blatt）
　　　　［上］ベージュ（558）25g
　　　　［左下］ブルーグリーン（1136）25g
　　　　［右下］グレー（34）25g
用具：　13号2本棒針
　　　　手縫い糸（スパンコールの色に合わせる）　手縫い針
その他：直径5〜6mmのスパンコール　18〜24枚、ビーズ3個
ゲージ：メリヤス編み　17目21段が10cm四方
サイズ：幅13cm、頭回り52cm

編み方：糸は2本どりで編みます。

指に糸をかける方法で22目作り目し、メリヤス編みを増減なく110段編み、編終りは伏止めにします。編始めと編終りをメリヤスはぎにし、残りの糸で、はいだところをぐし縫いしてギャザーを寄せて絞ります。スパンコールで花を3つ刺繍し、仕上げます。

Tips
編み上げメリヤスはぎをする前に、ヘアブラシを使ってモヘアの逆毛を立てると、ふんわり仕上がります

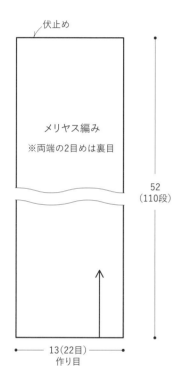

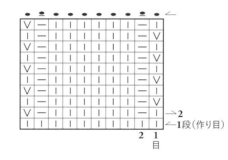

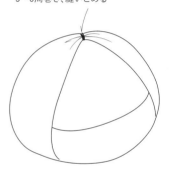

編始めと編終りをメリヤスはぎにし、残り糸でぐし縫いしてギャザーを寄せて5〜6周巻き、縫いとめる

ぐし縫いしたところに、スパンコールの花を3つ刺繍する

スパンコールの花の刺繍

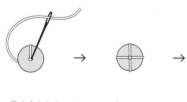

①土台となるスパンコールをつける

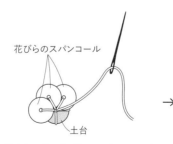

②土台の上に花びらのスパンコールを円状に縫いとめていく

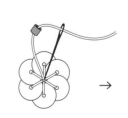

③6〜8枚つけたら、中心にビーズをつける

④表に針を戻し、花びらのスパンコールすべてに糸を通し、花びらを起こして裏でとめる

スパンコールの花（実物大）

棒針編みの基礎

[製図の見方]

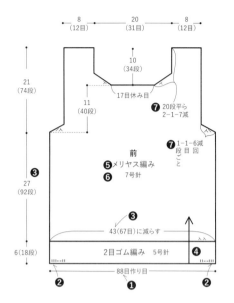

❶ 編始め位置
❷ ゴム編みの端目の記号
❸ 寸法(cm)
❹ 編む方向
❺ 編み地
❻ 使う針
❼ 計算

❼ 計算
　20段平ら
　2-1-7減
　段 目 回
　　　ごと

増す場合は減し方と同じ要領で減し目を増し目に変えます

記号図で表わした場合

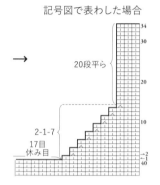

[作り目]
指に糸をかけて目を作る方法

1
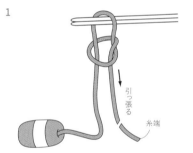
糸端から編む寸法の約3倍の長さのところで輪を作り、棒針をそろえて輪の中に通す

2
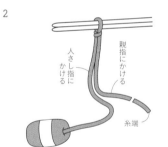
輪を引き締める

3
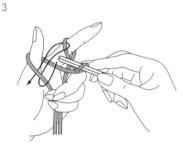
短いほうを左手の親指に、糸玉のほうを人さし指にかけ、右手は輪のところを押さえながら棒針を持つ。親指にかかっている糸を図のようにすくう

4
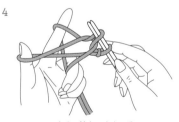
すくい終わったところ

5

親指にかかっている糸をはずし、その下側をかけ直しながら結び目を締める

6

親指と人さし指を最初の形にする。
3～6を繰り返す

7

必要目数を作る。
これを表目1段と数える

8

2本の棒針から1本を抜き、
糸のある側から2段めを編む

別鎖の作り目

1
編む糸と近い太さの糸で鎖編みを編む

2
必要目数より1〜2目多く、ゆるめに編む

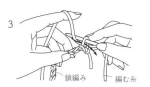
3
鎖の編終りの裏山に針を入れる

4
必要目数拾う。
1段めと数える。
拾うときは、鎖の編終りから糸をほどいて棒針に移す

1目ゴム編みの作り目（始めが表目、終りが裏目）

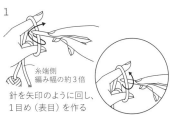
1
針を矢印のように回し、1目め（表目）を作る
1目めと2目めが表目の場合は針を矢印のように回し、1目め（表目）を作る

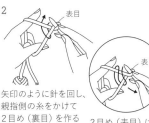
2
矢印のように針を回し、親指側の糸をかけて2目め（裏目）を作る
2目め（表目）は、針を矢印のように回し、人さし指側の糸をかけて作る

3
表目、裏目を交互に繰り返す。最後は、裏目を作る

4
裏に返す。最初の2目は糸を手前において編まずに移す（浮き目）

5
3目めは表目を編む。続けて、浮き目、表目を交互に繰り返して1目おきに編んでいく。最後の目は浮き目

6
表に返す。最初の目は表目、次の目は糸を手前において編まずに右針移す（浮き目）。5で編まなかった目を編むことになる

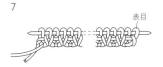
7
表目、浮き目を交互に繰り返す。最後は、表目、浮き目と編む。これを作り目1段と数える

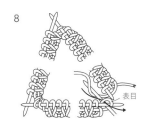
8
輪編みの場合は、3本の針に分ける。編み上がったら、編始めの糸で段の変り目を縫い合わせる

2目ゴム編みの作り目

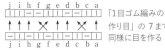
「1目ゴム編みの作り目」の7までと同様に目を作る

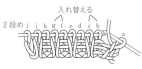
aを表目、b・cを入れ替えて表目、裏目、d・eはそのまま裏目、表目、f・gを入れ替えて表目、裏目を編む

2段めの編終り

［止め］

● 伏止め　　● 伏止め（裏目）

1
端の2目を表目で編み、1目めを2目めにかぶせる

2
表目を編み、かぶせることを繰り返す

3
最後の目は引き抜いて糸を締める

1
端の2目を裏目で編み、1目めを2目めにかぶせる

2
次の目を裏目で編み、右の目をかぶせる

3
裏目を編み、かぶせることを繰り返す。最後の目は引き抜いて糸を締める

1目ゴム編み止め

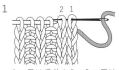
1
1の目は手前から、2の目は向う側から針を入れる

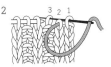
2
2の目をとばして、1と3の目に手前から入れる

3
3の目をとばして、2と4の目（表目）に針を入れる

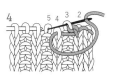
4
4の目をとばして、3と5の目（裏目）に針を入れる。3、4を繰り返す

[編み目記号]

記号	1	2	3	4
 表目	 糸を向う側におき、左側の目に手前から針を入れる	 右針に糸をかけ、矢印のように引き出す	 引き出しながら、左針から目をはずす	
 裏目	 糸を手前におき、左側の目に向う側から針を入れる	 右針に糸をかけ、矢印のように引き出す	 引き出しながら、左針から目をはずす	
 右上2目一度	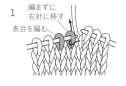 右針を手前から入れ、編まずに移し、次の目を表目で編む	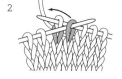 編んだ目に移した目をかぶせる	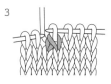 右側の目が上に重なる。1目減る	
 左上2目一度	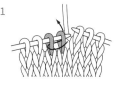 右針を2目一緒に手前から入れる	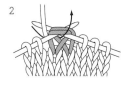 糸をかけて表目を編む	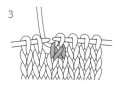 左側の目が上に重なる。1目減る	
 右上2目一度 (裏目)	 右針を2目一緒に向うから入れる	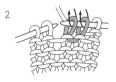 左針を矢印のように入れ、目を移す	 糸をかけて裏目を編む	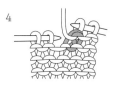 右側の目が上に重なる。1目減る
左上2目一度 (裏目)	 右針を2目一緒に向う側から入れる	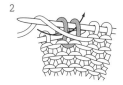 糸をかけて裏目を編む	 左側の目が上に重なる。1目減る	
 中上3目一度	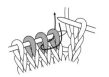 右針を2目一緒に手前から入れ、編まずに移す	 次の目を表目で編み、編んだ目に移した2目をかぶせる	 中央の目が上に重なる。2目減る	

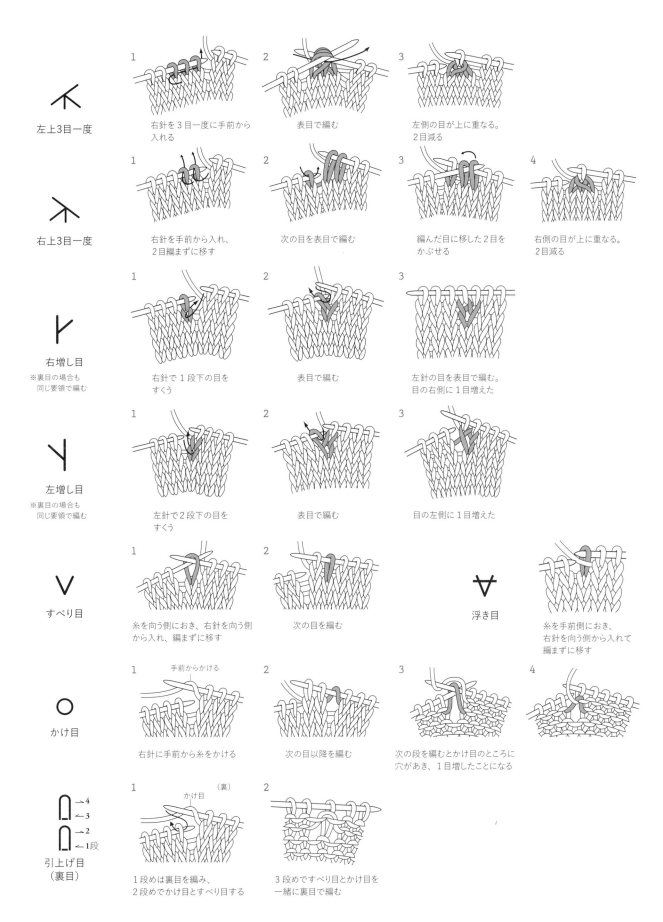

ねじり目

向う側から針を入れ、
表目と同様に編む

1段下の目が右上でねじれる

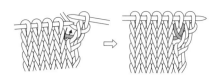
ねじり目で増す場合は、渡り糸を
左針で矢印のようにすくう

ねじり目
（裏目）

向う側から針を入れ、
裏目と同様に編む
1段下の目が右上でねじれる

編出し増し目

1目から、表目、かけ目、
表目を編み出す

右上1目交差

左針の2目めを1目めの向う側
から針を入れ、表目で編む

左針の1目めを表目で編む

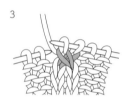
右の目が上に交差する

左上1目交差

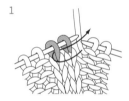
左針の2目めを1目めの手前から
針を入れ、表目で編む

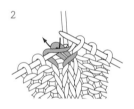
左針の1目めを表目で編む

左の目が上に交差する

右上交差
（表目と裏目）
※目数が異なる場合も
同じ要領で編む

1と2の目を別針に移す

別針を手前に休め、3の目を
裏目で編む

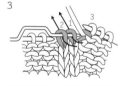
別針に通したまま、1と2の
目を表目で編む

右上2目と1目の交差の
出来上り

左上交差
（表目と裏目）
※目数が異なる場合も
同じ要領で編む

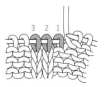
1の目を別針に通して
向う側に休める

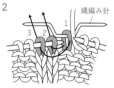
2と3の目を表目で編む

休めておいた1の目を
別針のまま、裏目で編む

左上2目と1目の交差の
出来上り

[引返し編み]
編み残す引返し編み

● 左側

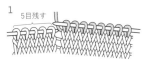

1. 引返し編みの手前まで編む
2. 編み地を持ち替えて、かけ目、すべり目をする
3. 裏目を編む

● 右側

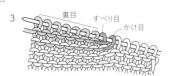

引返し編みの手前まで編む。編み地を持ち替えて、かけ目、すべり目をする。表目を編む

段消し
編み残す引返し編みが終わったら、かけ目の処理をしながら1段編みます。これを段消しといいます。
裏目で段消しをするときは、かけ目と次の目を入れ替えて編みます

● 左側　　　　　　　　　　　　　　　　　　　　　　　● 右側

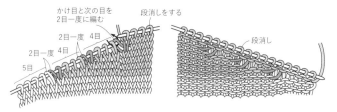

[編込み模様]
裏に糸を渡す編込み

● 裏に渡る糸が長くなるとき
裏に糸が4〜5目以上渡るときに、渡り糸をとめる方法です

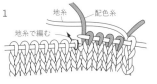

1. 配色糸を上にして、地糸で編む
2. 配色糸を地糸の上にして替える

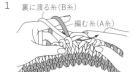

1. 編む糸（A糸）を上にして編む

2〜3目ごとに裏に渡る糸（B糸）を上にしてA糸で編む

裏に糸を渡さない編込み

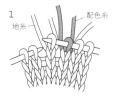

1. 地糸を新しくつけて編む

2. 裏側。地糸と配色糸をからませて編む

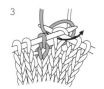

3.

4. 休めていた地糸で編む

裏側

[はぎ・とじ]
セーターなどを組み立てるときに使います。編み地ができたらスチームで整えてから、はぎ・とじの操作をします

メリヤスはぎ

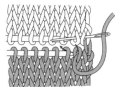

● 伏止めしてある場合

メリヤス目を作りながらはぎ合わせていく方法。表を見ながら右から左へはぎ進む

すくいとじ

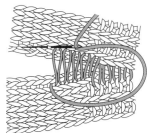

1目めと2目めの間の渡り糸を1段ずつ交互にすくう

目と段のはぎ

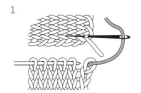

1. 下の端の目から針を出し、上の段は端の目と2目めの間の横糸をすくっていく

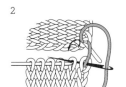

2. 下の端の目に戻り、メリヤスはぎの要領で針を入れる

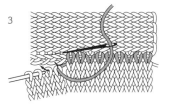

3. はぎ合わせる目数より段数が多い場合は、ところどころで1目に対して2段すくい、均等にはぐ

95

ブックデザイン	本田潤子
撮影	AYUMI SHINO
	安田如水（プロセス／文化出版局）
スタイリング	HIROKO SUZUKI
ヘア＆メイク	GO MIYUKI (for CÉLINE, ELIZABETH, ZOÉ)
	ASAKO (for CAMILLE, CHLOÉ／SUPERSTARS)
モデル	CAMILLE, CÉLINE, CHLOÉ, ELIZABETH, ZOÉ
パリコーディネート	HIROKO SUZUKI
トレース	大楽里美
DTP	文化フォトタイプ
校閲	向井雅子
編集	三角紗綾子（文化出版局）

この本で使用しているフランスのメーカーの毛糸
(Anny Blatt、Au Fil des Nuages、Fonty)は、
下記サイトよりお買い求めいただけます（日本語対応）。
http://porcs-epics.fr/

[素材提供]

久保商事（ラ・ドログリー）　　　　☎ 075-708-1708
ダイドーインターナショナル（バビー）☎ 03-3257-7135
ハマナカ（ハマナカ）　　　　　　　☎ 075-463-5152
横田（DARUMA）　　　　　　　　　☎ 06-6251-2183
・材料の表記は2017年10月現在のものです。
・糸は廃番、廃色になる可能性があります。ご了承ください。

[撮影協力]

Le Square Gardette
Merci à Mayumi Nomoto

[衣装協力]

ÉCOLE DE CURIOSITÉS
https://www.ecoledecuriosites.com

Mad Vintage
http://madvintage.fr

Saqui
http://saqui.jp

パリジェンヌの編みもの

2017年10月29日　第1刷発行

著　者	ガスニエ実希子
発行者	大沼　淳
発行所	学校法人文化学園　文化出版局
	〒151-8524　東京都渋谷区代々木3-22-1
	☎ 03-3299-2487（編集）
	☎ 03-3299-2540（営業）
印刷・製本所	株式会社文化カラー印刷

©Mikiko Gasnier 2017　Printed in Japan
本書の写真、カット及び内容の無断転載を禁じます。

・本書のコピー、スキャン、デジタル化等の無断複製は著作権法上での例外を除き、禁じられています。
　本書を代行業者等の第三者に依頼してスキャンやデジタル化することは、たとえ個人や家庭内での利用でも著作権法違反になります。
・本書で紹介した作品の全部または一部を商品化、複製頒布、及びコンクールなどの応募作品として出品することは禁じられています。
・撮影状況や印刷により、作品の色は実物と多少異なる場合があります。ご了承ください。

文化出版局のホームページ　http://books.bunka.ac.jp/